Colón cantado

**Descubrimiento de América
como tema poético a través de los tiempos**

COLECCIÓN POLYMITA

EDICIONES UNIVERSAL, Miami, Florida, 1998

LUIS MARIO

COLÓN CANTADO

Copyright © 1999 by Luis Mario

Primera edición, 1999

EDICIONES UNIVERSAL
P.O. Box 450353 (Shenandoah Station)
Miami, FL 33245-0353. USA
Tel: (305) 642-3234   Fax: (305) 642-7978
e-mail: ediciones@kampung.net
http://www.ediciones.com

Library of Congress Catalog Card No.: 99-62942
I.S.B.N.: 0-89729-902-7

Dibujo de la cubierta e interiores: Nelia Prada

Dirección postal del autor:
Luis Mario
P.O. Box 350-994
Miami, FL 33135. USA

Obras del mismo autor:

Un poeta cubano, 1971
Desde mis domingos, 1973
Y nació un poema..., 1975
Prófugo de la sal, 1978
Esta mujer..., 1983
Poesía y poetas, 1984
70 poetas, (Antología crítica) 1986
...la misma, 1989
Ciencia y arte del verso castellano, Primera edición, 1991
                    Segunda edición, 1992
Cuba en mis versos, 1993

Todos los derechos
son reservados. Ninguna parte de
este libro puede ser reproducida o transmitida
en ninguna forma o por ningún medio electrónico o mecánico,
incluyendo fotocopiadoras, grabadoras o sistemas computarizados,
sin el permiso por escrito del autor, excepto en el caso de
breves citas incorporadas en artículos críticos o en
revistas. Para obtener información diríjase a
Ediciones Universal.

Al indio.
Al negro.
Al español.
A nosotros.

Dos palabras

Cristóbal Colón cometió un gran pecado: descubrió el Nuevo Mundo. Ante esa hazaña monumental, no podía quedar impune. El hombre que puso su magno esfuerzo a los pies de España, nación que tuvo una visionaria reina Isabel, ha recibido incomprensiones e insultos de no pocos españoles y sus descendientes. Muchos Bobadillas ha habido para encadenar su memoria. Han querido borrar su gloria del mapa que él hizo más ancho el 12 de octubre de 1492. En sus "Reflexiones sobre el Descubrimiento de América", el profesor cubano Fernando Arsenio Roa-Uriarte se duele de las diversas reacciones contrarias ocurridas al celebrarse los 500 años del Descubrimiento. "Pensé -dice- que sería un año de exaltación para la gloriosa, extraordinaria conquista de América, realizada por los españoles; pero no: fue un acto de execración, en que se usaron todos los dicterios en contra de Cristóbal Colón y en contra de los conquistadores". Esas reacciones continúan, y el 20 de julio de 1998, fecha que se celebra en Honduras como el Día de Lempira, cacique que estuvo a la cabeza en la lucha contra los conquistadores, el Consejo de Organizaciones Populares y Pueblos Indígenas comenzó la celebración de un juicio a Colón y a "toda la pandilla de matones y secuaces que lo acompañaron". Y Colón será ejecutado, cuando indígenas lencas, chortis, misquitos lancen flechas contra un muñeco que representará su imagen odiada. Pero también ha habido manifestaciones de personas con la inteligencia nublada por un resquemor que no se sabe de dónde viene. Seres con apellidos españoles han reaccionado como si fueran descendientes directos del cacique Hatuey. Por eso es preferiblemente justo estar al lado de uno de los grandes educadores de Iberoamérica, José Vasconcelos. Este mexicano de pensamiento justo no se oponía a que se conservara el orgullo de la estirpe india, "pero no exageremos", decía, para después añadir: "Si no fuera por los españoles, todavía estaríamos aquí en constante guerra y seguiríamos celebrando en los templos el holocausto horrible de la matanza de doncellas y jóvenes para aplacar la ira de los dioses sedientos de sangre". Afortunadamente para Colón, los poetas -salvo infrecuentes excepciones- han salido en su defensa. Y la Poesía, decía Aristóteles, "es más profunda y más filosófica que la historia". Sería ingenuo que estas páginas pretendieran abarcar el tema en su totalidad. Ya a las puertas del Siglo XXI, se habla de más de 400 millones de hispanohablantes, y hacer una búsqueda de la producción lírica en castellano, dedicada a Colón, es tarea tan fascinante como imposible de realizar a plenitud. Sin embargo, queda abierto el tema para otras necesarias indagaciones. Yo me limito a presentar esta selección de poemas y poetas para honrar al hombre europeo que clavó una cruz en las futuras tierras americanas. Ese fue su destino. Esa fue su meta. Y no existe leyenda negra que pueda triunfar, con sus tentáculos de ingratitud, frente al símbolo salvador del cristianismo.

L.M.

---------- *Colón cantado* ----------

> Estaban todos los árboles verdes y llenos de frutas, y las yerbas todas floridas y muy altas, los caminos muy anchos y buenos; los ayres eran como en abril en Castilla, cantava el Ruyseñor...
> CRISTÓBAL COLÓN

CAPÍTULO I

Colón circunstancial, Colón elíptico

"SONETO FRENTE AL MAR"

Inspirarse en Cristóbal Colón, cantarle al marino que al finalizar el Siglo XV le dio un vuelco a la Geografía mundial, ha llegado a ser causa común de muchos poetas. No siempre fue así. La reacción ante el Descubrimiento fue poéticamente tardía, y antes de empezar por las primeras influencias de las tres carabelas, no está de más revisar históricamente a un Colón circunstancial y a un Colón elíptico. Uno que aparece mencionado unas veces al azar o, con más justificación, para servir de apoyo metafórico en la estructura del poema que desarrolla la similitud de una experiencia que nada tiene que ver con el Almirante ni con sus hazañas. Otro para descubrir la posibilidad de cantar con Colón sin cantarle, necesariamente, a Colón. Y es Jorge Robledo Ortiz, el Poeta de la Raza, que más bien es el Poeta Nacional de Colombia, quien escribe a la altura de su excelencia lírica unos versos en los que están "los dos Colones", el circunstancial y el elíptico. El poema no está dedicado al Descubrimiento ni menciona a Colón, pero todo está presente en el "Soneto frente al mar":

Adda Porto Vélez, rubia tiranía.
Primavera niña. Veinte años de mar.

Estampa en el cuento que refiere el día
para que se duerma la estrella polar.

Juventud de nardo. Tallo de alegría.
Grado de almirante sobre mi cantar.
Ojos que precisan tener un vigía
que anuncie tormentas de lumbre solar.

Adda Porto Vélez, cuéntale a la brisa
quién te dio ese gajo maduro de risa
y quién ese pelo trenzado de sol.

Dile que en tus labios hay miel de ciruelas
y que por tus ojos, las tres carabelas
regresan vencidas al suelo español.

COLÓN CIRCUNSTANCIAL

Una voz puertorriqueña, Trina Padilla de Sanz, está en la cuerda del dolor patriótico cuando en su romance "Mi tierruca borinqueña" exclama:

Desde Colón que echó el ancla
esta hija del mar, inédita,
y con la cruz y la espada,
deslumbrando la inocencia
del indio viril, salvaje,
que se rindió a sus promesas,
aquí la injusticia manda,
aquí la injusticia impera.

Rafael Arévalo Martínez tuvo la originalidad -nada rara en él- de escribir "Colón a la inversa". El poeta guatemalteco, claro y sugestivo, se siente como un Colón americano cuando descubre a Europa, y en 1956 escribe en Madrid un breve poema que así comienza:

Colón a la inversa
en una extraña flota

Colón cantado

viniendo de la América
por una ruta aérea
he descubierto Europa.
¡Y qué mundo, Dios mío!

"Lo que dice el poeta" es un soneto alejandrino del lírico mexicano Enrique González Martínez. Aquí Colón aparece también circunstancialmente, en el primer cuarteto, sin que tenga nada que ver con el tema del Descubrimiento, sino con la propia y a veces evasiva inspiración del poeta:

Llamando voy al ritmo y el ritmo no responde,
la idea se me escapa y el numen se rebela
y soy Colón iluso que en frágil carabela
bogando va sin brújula y sin saber a dónde.

Una de las voces más creadoras de la poesía femenina cubana de todos los tiempos, Pura del Prado, también acude al Gran Almirante en la palpitación subjetiva de su "Carta de otoño":

Tu tristeza me apaga,
huelo tu amor de viaje,
y en ese patio de retoños tristes
recuerdo que te amé hasta suicidarme.
Que nos besamos con demencia sola
-en el alma un Colón de la dulzura-
que me dabas pañuelos de cariño
a la hora en que el tiempo desayuna.

"Colón de la dulzura", amor que descubre la dulzura en ella, y siempre por la mañana, porque es cuando desayuna el tiempo. Mucho dice este Colón colocado tan certeramente casi al final de la estrofa. Mientras, por su parte, el poeta peruano Carlos Augusto Salaverry, en un soneto que él llama "Mi poema", se siente como un descubridor de su mundo íntimo, y coloniza su idea sugestivamente metafórica. He aquí el primer cuarteto:

> Tengo, como Colón, un nuevo mundo
> de seres que mi espíritu ha soñado;
> un bosque virgen que ninguno ha hollado,
> en el seno de América fecundo...

Finalmente, el poeta argentino Horacio Rega Molina se refiere a su niñez en "Balada de un domingo de mi infancia", y el tema del Descubrimiento de América, circunstancialmente, asoma a lo largo de todo el poema:

> Mañana el maestro dará prueba escrita.
> (Mi infancia no tuvo sino días malos).
> Sentada en un banco mi infancia recita:
> Colón ha partido del Puerto de Palos.
>
> Es día domingo. Llovizna. Hace frío...
> El cuarto es muy grande, yo estoy solo en él.
> Parece que arrastra en el cuarto sombrío
> su cola de seda la reina Isabel.
>
> Es día domingo, con una constancia
> que más dolorosa no pudo haber sido,
> sentada en un banco repite mi infancia:
> del Puerto de Palos Colón ha partido.
>
> Las seis de la tarde. Se encienden candelas.
> Se cierran las puertas. La casa es distinta...
> Dan miedo, dan miedo las tres carabelas.
> La Santa María, la Niña y la Pinta.

COLÓN ELÍPTICO

Acudiendo a lo elíptico, puede notarse la presencia de Colón y la ausencia de su nombre en varios poetas puertorriqueños, como en "Una isla para ese grito", de Jorge Felices, cuando exclama: "...pero termina el siglo y desde Palos/ han zarpado las tres naves hermanas/ y ya se escucha el grito de Rodrigo/ horadando la noche, y el disparo/ de lombarda sellando su destino." Aunque

Colón cantado

más vívidamente en el soneto de versificación acentual de José I. de Diego Padró, "Síntesis de epopeya":

> Fue una mañana de sol violento.
> Fue en el humilde puerto de Palos... Tres carabelas
> esa mañana dieron al viento,
> épicamente, sus majestuosas y blancas velas.
>
> Partían los ínclitos argonautas. Un loco anhelo
> les animaba, les impelía
> ante el abrazo, vasto y sereno, de mar y cielo.
> Y a sus miradas, cada horizonte era una tierra que florecía.
> Hubo tormentas en los cerebros de aquella gente.
> Pero las naves, las tres pequeñas naves oscuras,
> con sus hinchadas velas latinas, iban encinta de un
>   (continente.
>
> ¡Iban en cinta de un Continente...! Y una mañana
> se estremecieron las invencibles arboladuras,
> ¡y hendió los aires el soberano grito de Triana...!

Como puede apreciarse, en catorce versos se relata la historia en síntesis del Descubrimiento... pero sin mencionar a Cristóbal Colón. También hay un "Canto para dos voces", con el lema "América es una prolongación de España", del académico Juan Avilés, en el cual el tema se toca muy sutilmente. Al referirse el poeta a los vuelos espaciales, dice: "De ti partió la nave, única y una,/ que conquistó a la Luna,/ en la feliz y venturosa hazaña, / segunda solamente en su grandeza/ a la inmortal proeza/ que, a cinco siglos, realizara España". El 12 de octubre de 1972 el poema fue galardonado, en Nueva York, con la Flor Natural en el Certamen Histórico-Literario Internacional patrocinado por el Comité del Desfile del Día de la Raza en conmemoración del Descubrimiento de América.

En los dos serventesios del soneto "Los conquistadores", de Manuel Machado, que no menciona a Colón, está implícita la secuela heroica del Descubrimiento:

> Como creyeron solos lo increíble,
> sucedió: que los límites del sueño
> traspasaron, y el mar y el imposible...
> Y es todo elogio a su valor, pequeño.
>
> Y el poema es su nombre. Todavía
> decir Cortés, Pizarro o Alvarado,
> contiene más grandeza y más poesía
> de cuanta en este mundo se ha rimado.

Ni Alvarado (Alonso, Pedro o Diego); ni Francisco Pizarro ni Hernán Cortés, hubieran encontrado un mundo para conquistar de no haber sido por Cristóbal Colón. Pero los versos de Manuel Machado se titulan "Los conquistadores", y están dedicados a aquellos...

> Capitanes de ensueño y de quimera,
> rompiendo para siempre el horizonte,
> persiguieron al sol en su carrera...
>
> Y el mar, alzado hasta los cielos, monte
> es, entre ambas Españas,
> sólo digno cantor de sus hazañas.

El penúltimo verso quiebra la uniformidad endecasilábica, pero no la cadencia, porque es un heptasílabo. Y ese simple ardid prosódico concentra más fuerza en el verso final, inclusive con la misma rima, como al término de una lira clásica de Garcilaso. Golpe fónico que confirma, bellamente, la eficacia de la versificación bien empleada.

RAFAEL PINO Y ROCA Y SU "CANTO A LA RAZA"

El 12 de octubre de 1935, el Instituto Ibero-Americano de Berlín festejó el aniversario 443 del Descubrimiento de América. El Embajador de España en Alemania, Francisco de Argamonte y

Colón cantado

Cortijo, le había pedido a un poeta ecuatoriano amigo suyo, Rafael Pino y Roca, que hiciera uso de la palabra... y la palabra se hizo verso en el *Canto a la Raza*. El poema de Pino y Roca, que respira devoción a España en la configuración exaltada de sus 205 versos distribuidos en 32 estrofas, relata pasajes históricos que comienzan con el viaje de Colón que se decide a emprender "la hazaña de redondear el mundo". Sin embargo, el nombre de Cristóbal Colón no aparece en la obra. Está implícito en las tres naves cuyas velas van "infladas de osadía" -al principio-; en el grito de Rodrigo de Triana -en el centro-; y en el "espíritu de la raza" que valientemente salió un día del puerto de Palos -casi al final-. Pero Colón navega, elípticamente, por todo el *Canto a la Raza*. Ya sea cuando se alude a su hazaña, al vislumbrarse su figura gallarda que propició la unión de dos mundos con el ensanchamiento de la hispanidad o, acaso bajo el áureo adjetivo que mejor lo retrata, como cuando aparece triunfante en la antepenúltima estrofa del poema, que es un pareado:

¡Salve, gran Almirante, porque diste a Castilla
del florón de tu genio la mejor maravilla!

Hay un pasaje, no obstante, en el cual la elipsis del nombre del Descubridor fracasa ante la elocuencia de ocho alejandrinos. Al momento de pisar la tierra anhelada, después de las difíciles semanas a bordo de las naves frágiles, lo que describe el poeta asume fuertes tintes de emoción y gracia narrativas:

El trópico radiante semeja una cortina
que se descorre sola, al par que se avecina
la bizarra falange de los aventureros
ansiosos de aventuras, desnudos los aceros,
mientras el nauta Epónimo, doblando la rodilla
con patriarcal unción sobre la fronda cálida,
levanta reverente el pendón de Castilla
y lo clava en el seno de la Virgen Crisálida.

Después de este óleo rítmico, la omisión de las cinco letras de un apellido poco importa, porque el poeta suple la ausencia del nombre de Cristóbal Colón al mencionar al Cid cinco veces, a Cervantes y al Quijote, cuatro; a Carlos V (Carlos I de España), dos, y a una serie de personajes que, a pesar de todos los inevitables pecados humanos, transformaron un mundo salvaje en colonias prósperas. Después vendría la independencia, y Pino y Roca abarca el devenir histórico en dos versos, cuando justifica que

> para orgullo de un mundo que a su ideal se abraza,
> nazca Simón Bolívar: el Genio de la Raza...

Entrar en estos versos equivale a codearse con Pizarro cuando "se apodera del Inca en Cajamarca"; es aprender a erguirse en Veracruz cuando "Cortés quema sus naves desafiando al destino"; es inclinarse con respetuosa generosidad ante Moctezuma, Atahualpa y Caupolicán, para tratar de convencerlos de lo inútil de su resistencia. Y de forma elegante, es también solidarizarse con el mérito de una reina que vio con claridad, cuando llegó ante ella aquel soñador que desafiaba la lógica con sus palabras, y que ya había fracasado en su empeño de obtener ayuda de Portugal:

> ¡Salve, nave prodigio, emisaria simbólica
> del alma castellana de Isabel la Católica!

Isabel la Católica, cuya visión y generosidad propiciaron el primer viaje hacia lo desconocido; Pizarro, Cortés, los indios Moctezuma, Atahualpa y Caupolicán; hasta Bolívar en el futuro independentista, pero el nombre de Colón brilla por su ausencia. Presente en todo el largo poema, pero sin nombre. Posiblemente es el caso mayor de elipsis que ocurre en la poesía castellana. Y con esta simple perspectiva, conviene retroceder a 1492, año en que la humanidad da un paso acelerado hacia el porvenir, y ver cómo la hazaña del Descubrimiento, a través de los siglos, va afectando la inspiración de los poetas.

Colón cantado

> Se ha reparado poco en que América y su descubrimiento fue la materialización u objetivación de un sueño poético -y como tal, creador- de ese marino excepcional que fue Cristóbal Colón.
>
> ROSARIO REXACH

CAPÍTULO II

Gran Almirante... gran olvidado

"COLÓN NO TUVO UN CAMOENS..."

El Descubrimiento de América, hace quinientos años, por haber sido una de las epopeyas mayores de la humanidad, merecía haber tenido un eco más arraigado en los poetas de su tiempo. En la bibliografía sobre el tema que data de 1890, escrita por Ángel Lasso de la Vega (1831-1899), el notable escritor y crítico español advertía que "Colón no tuvo un Camoens". Efectivamente, Colón mereció haber leído en su época un poema dedicado a él como *Os Lusiadas* (Los Portugueses) de Luis de Camoens. Y Lasso de la Vega añadía: "Es inexplicable que los poetas españoles de los siglos XV y XVI no se inspiraran en él, ni haya composición alguna en nuestro *Romancero General*. ¡Qué cuadros tan llenos de dramáticos incidentes pudo trazar el vate inspirado!" Sin embargo, aunque no en la profusión que merecía una hazaña tan grandiosa como la realizada por Colón, sí hubo poetas en los dos siglos mencionados por Lasso de la Vega, que elevaron sus loas al Gran Almirante.

En 1977, José María Gárate Córdoba publicó en Madrid un magnífico libro sobre el tema: *La poesía del Descubrimiento*. Esas páginas recogen, escrupulosamente, el canto esporádico de los poetas desde el Siglo XV ante la hazaña colombina. Gárate Córdoba menciona también al erudito argentino Calixto Oyuela (1857-1930), en relación con su libro *Colón y la Poesía*. Esa antología hubiera sido la base bibliográfica por excelencia para referirse al Descubrimiento, pero por la fecha en que fue publicada no es fácil dar con ella.

Según el autor de *La poesía del Descubrimiento*, fue Juan de Castellanos el primero en referirse a ese tema. Lo que resulta deprimente es que este poeta nació en Sevilla en 1522, treinta años después del primer viaje de Colón. Mucho tardaron los poetas en darse cuenta de la impresionante presencia de un Nuevo Mundo en los rústicos mapas de la época.

En una edición de 1944, de la Biblioteca de Autores Españoles, aparece el poema "Colón", -fue la primera vez que ese nombre inspiró a un poeta- entre las *Elegías de varones ilustres de Indias*, de Juan de Castellanos. Hay discrepancias sobre la cantidad de versos que tienen esas *elegías*, y Federico Carlos Sainz de Robles, en su *Diccionario de la Literatura*, en la cuarta edición de 1973, dice que son 55 cantos con ciento cincuenta mil endecasílabos, que se publicaron la primera parte en 1589, y la segunda y la tercera en 1847. Sin embargo, en el libro *Juan de Castellanos: Tradición española y realidad americana*, de 1972, el catedrático español Manuel Alvar López se refiere al poema "de más de ciento veinte mil versos...", lo que parece acercarse más a la realidad. En último caso, si nos atenemos a lo dicho por Marcelino Menéndez y Pelayo, las *Elegías* de Castellanos son "el poema más largo que existe en lengua castellana... y quizá la obra de más monstruosas proporciones que en su género posee cualquier literatura". Pero olvidando la inmensa extensión de la obra escrita por Juan de Castellanos, se trata de versos endecasílabos, que han llamado la atención por su relato histórico y por su variable calidad estética. He aquí una octava real que da comienzo al *Canto Cuarto*:

> Pero Colón, insigne navegante,
> aunque desmayan otros, él no cesa,

Colón cantado

el cual, para pasar más adelante,
tardía se le hacía toda priesa,
diciéndoles: "Señores, Dios mediante,
mañana cumpliré con mi promesa."
Burlaban de negocio tan prolijo,
pero salió verdad lo que les dijo.

En este y otros fragmentos es de apreciar la escritura histórica, modestamente versificada, pero no es razonable aspirar a que una mole tan inmensa pueda ser creada sin defectos. En fin de cuentas, Juan de Castellanos tiene el mérito indiscutible de estar considerado por muchos el primero de los poetas del Descubrimiento. Sin embargo, en el capítulo de los antecedentes siempre hay opiniones dispares. Así, un poeta y crítico argentino, Calixto Oyuela, opina que quien primero escribió poesía sobre el Descubrimiento no fue Juan de Castellanos, y menciona al brasileño Manuel Otelho de Oliveira (1636-1711). La tesis de Oyuela se afianza en que el largo poema de Castellanos es una "crónica rimada..."

ECOS DEL DESCUBRIMIENTO EN LA POESÍA ITALIANA
Gárate Córdoba no menciona en *La poesía del Descubrimiento* un breve poema de Giuliano Dati, publicado en Roma en 1493, cuando todavía Colón no había muerto. Aunque se ha puesto en duda, se dice que el tema del Descubrimiento estaba implícito en las octavas de Dati.

A grandes rasgos, en el Siglo XVI italiano hubo poetas que se hicieron eco de la hazaña colombina. *De navigatione Cristophori Columbi,* por ejemplo, fue publicado por Lorenzo Gambara en 1581; en ese mismo año, Curzio Gonzaga aludía al tema en su poema *Fidamonte;* ocho años después, Giulio Cesare Stella dio a conocer su *Columbeis,* en hexámetros; y en 1596 se conoció *Il Mondo Nuevo* (El Nuevo Mundo), de Giovanni da Jesi Giorgini, obra totalmente desaparecida. Pero es probable que la primera mención al Descubrimiento, publicada en Roma en el Siglo XVI, haya ocurrido en 1512, contenida en *Palermo liberato* (Palermo libertada), de Tomaso Balbi.

HALAGANDO LOS REALES OÍDOS

En cuanto a España, fray Ambrosio Montesino, favorito de la reina Isabel la Católica, en 1505 relató en verso los viajes que se hacían a las nuevas tierras descubiertas por Colón:

> Los hombres que navegando
> hallan tierras muy remotas,
> cuando vuelven, es ya cuando
> les estamos esperando
> en el puerto, con sus flotas,
> que nos digan les pedimos
> las novedades que vieron:
> y si algo nuevo oímos
> más velamos que dormimos
> por saber lo que supieron.

No es necesario seguir. Nada nuevo hay en esos versos cuya pobreza expresiva salta a la vista. Es muy difícil poetizar el relato, y hasta en un tema tan rico en emociones y sorpresas como el que nos ocupa, la poesía suele escaparse, como el agua del cuenco de la mano, por las rendijas que abren las explicaciones históricas cargadas de prosaísmo.

Pero hay también una composición poética latina, escrita por Juan Sobrario Segundo, impresa en Zaragoza en 1511, exactamente el 4 de mayo, cuyas loas están dirigidas más hacia el rey Fernando que hacia los marinos del Descubrimiento y los primeros colonizadores. El propio poeta dice en el título de su obra -carmen panegírico- que está inspirada en "las gestas del divino Fernando Católico, Rey siempre Augusto de los aragoneses, de las dos Sicilias y de Jerusalén, y sobre los moros de Libia". Y lo más interesante del caso es que tampoco la reina Isabel es reconocida en este poema, ya que el único héroe del autor es el rey.

Otro poeta nacido en 1560 y muerto en 1640, escribió, cuando aparentemente tenía sólo 22 años de edad, un soneto en el que hace referencia a los conquistadores, y compara aquella hazaña a las realizadas por el rey Felipe II, que fue el soberano más poderoso de su época. Este poeta fue Francisco de Herrera, quien también describió, en las Elegías VII y XI, la valerosa actitud de los conquistadores.

Poco después de esa fecha, una poetisa mexicana que acabaría siendo monja, Juana Inés de la Cruz, le dedicaba a "la excelentísima condesa de Galve, por comparaciones de varios héroes", unas seguidillas que reparan en Colón y en varios conquistadores. Sor Juana toma el pincel poético y, con impecable originalidad, hace una "pintura" de la aristócrata. La segunda y la tercera estrofitas dicen:

> Un Colón en su frente
> por dilatada,
> porque es quien su Imperio
> más adelanta.
>
> A Cortés y Pizarro
> tiene en las cejas,
> porque son sus divisas
> medias Esferas.

COLÓN EN LA OBRA DE LOPE DE VEGA Y DE QUEVEDO
La famosa comedia de El Nuevo Mundo descubierto por Colón, de Lope de Vega, no es de sus mejores obras, pero fue la primera vez que la hazaña del Descubrimiento arribó al teatro. Con ese título rimbombante y nada modesto, Lope escribió la comedia en tres actos, que era lo estrictamente clásico entonces. Aunque el teatro en verso español dista mucho de lo realmente poético -sin excluir a Antonio y Manuel Machado, pero con la excepción de García Lorca- acudo a esta comedia de Lope porque es versificada. Lo que se escribe en verso puede ser bueno o malo, excelente o pésimo. Puede ser, inclusive, antipoético. Lo que se escribe en prosa, igual. Y, desde luego, la prosa alcanza a veces una elevada altura poética. La diferencia entre ambas expresiones excluyentes entre sí, radica en que las poesías sólo pueden escribirse en verso, y ese criterio justifica a plenitud que incluya el siguiente pasaje

versificado de Lope, cuando Cristóbal Colón habla con su hermano Bartolomé:

> Una secreta deidad
> a que lo intente me impele,
> diciéndome que es verdad.
> Y, en fin, que duerma o que vele,
> persigue mi voluntad.
> ¿Qué es esto que ha entrado en mí?
> ¿Quién me lleva o mueve ansí?
> ¿Dónde voy, dónde camino?
> ¿Qué derrota o qué camino
> sigo o me conduce aquí?

El Fénix de los Ingenios pinta en estos octosílabos a un Cristóbal Colón próximo a emprender la gran aventura de la humanidad, y otra característica de esta comedia es que la Providencia, la Cristiandad y la Idolatría son personajes alegóricos que participan de la trama. El argumento está basado en la moral cristiana y entraña una crítica a la ambición de oro y de poder, que marcarían posteriormente la ruta de los conquistadores al Nuevo Mundo. Pero si Lope fue el primero en escribir una obra teatral con el tema colombino, probablemente el primero que le dedicó un soneto a Colón fue Francisco de Quevedo y Villegas. Si ignoramos los *sonetos fechos al itálico modo* del Marqués de Santillana, los dos primeros sonetistas españoles fueron Juan Boscán y Garcilaso de la Vega, niños ambos al morir Colón en 1506. O sea que transcurrió un siglo para que Quevedo, nacido en 1580, escribiera el primer soneto a Colón. Originalísimo, eso sí, aunque nada asombra si viene de ese genio del Siglo de Oro español. Lo tituló "Túmulo de Colón", y quien habla en estos versos es un pedazo de madera de la carabela Santa María, que recuerda al Gran Almirante con admiración y tristeza:

> Imperio tuve un tiempo, pasajero
> sobre las ondas de la mar salada;
> del viento fui movida y respetada;
> y senda abrí al antártico hemisfero.

Colón cantado

> Soy con larga vejez tosco madero,
> fui haya, y de mis hojas adornada,
> del mismo que alas hice en mi jornada,
> lenguas para cantar hice primero.
>
> Acompaño esta tumba tristemente,
> y aunque son de Colón estos despojos,
> su nombre callo, venerable y santo,
>
> de miedo, que de lástima la gente
> tanta agua ha de verter con tiernos ojos,
> que al mar nos vuelva a entrambos con el llanto.

UN ESPAÑOL Y UN VENEZOLANO: QUINTANA Y BARALT

En el Siglo XVIII, el de *las luces,* apenas reparan los poetas en Cristóbal Colón. Manuel José Quintana, nacido en 1772 y muerto en 1857, fue el *clásico neoclásico.* Su oda *A la expedición española para propagar la vacuna a América,* fue una especie de "canción protesta" en su época. O sea, que vienen de lejos las actitudes de hiperbolizar las bondades de los seres que habitaban el mundo desconocido, y castigar a los conquistadores. En otra oda de Quintana dedicada al mar, el Descubridor es casi traído por los pelos. Allá, al final de la última estrofa, el poeta exclama con hidalga emoción:

> Colón, arrebatado
> de un numen celestial, busca atrevido
> el nuevo mundo revelado a él solo;
> y tres veces el Polo
> ve al impávido Cook romper los hielos
> que a fuer de montes su rigor despide,
> descubriendo el secreto vergonzoso
> del yermo inmenso a que su fin preside.

Algo curioso: el español Manuel José Quintana le da más preponderancia al marino inglés James Cook, explorador del Pacífico y descubridor de las islas Hawaii, que al propio Cristóbal Colón, descubridor de todo un mundo... y al servicio de su patria, por añadidura.

Un venezolano, Rafael María Baralt (1810-1860), escribió un poema formado por cincuenta liras -o sea, 250 versos-, que tituló "A Cristóbal Colón". El Liceo Artístico Literario de Madrid premió esa obra en 1849. Baralt fue un neoclásico, y sus liras exaltan la vida de Colón con marcado sabor anacrónico. En un esquema introducido al castellano por Garcilaso de la Vega, cuando los asustados marinos se rebelan -y no era para menos ante el miedo irreprimible a lo desconocido-, el poeta lo describe con pasión:

> ¡Y cuál su vocería
> al cielo suena; y cómo, en miedo y saña
> creciendo, y agonía,
> con tumulto y terror la tierra extraña
> pide que dejes por volver a España!

Pero Colón es fuerte. Tiene la seguridad que le da el convencimiento. No ceja, porque lo conduce la fe:

> Por la fe conducido,
> puesta la tierra en estupor profundo,
> de frágil tabla asido,
> tras largo afán y esfuerzo sin segundo
> así das gloria a Dios y a España un mundo.

En este poema de Rafael María Baralt, la rigidez académica se hace patente. El poeta "escribe con pasión" -dije antes-, pero la pasión no es necesariamente emotiva. Se admira la estructura técnica del poema, y aunque el poeta lo intenta, es difícil entusiasmarse con él. Quizás a ello contribuye el penetrar en las liras de Baralt, críticamente, más de cien años después de haber sido escritas. Habría que situarse en su época, entre un romanticismo pujante que se abría paso algo tardíamente en España, y un neoclasicismo retrógrado que se retiraba, pero cuya influencia

Colón cantado

había marcado a muchas generaciones. Sólo así se puede ser menos severo y más justo al juzgar los versos de este poeta venezolano nacionalizado español y, por supuesto, cualquier obra poética del pasado.

UN POETA CUBANO DEL SIGLO XVIII

En 1796, el poeta cubano Miguel González escribió unas décimas que fueron expuestas "en la Santa Iglesia Catedral, en los funerales del almirante don Cristóbal Colón", según reza en el libro *La décima culta en Cuba*, de Samuel Feijóo. Todo empieza cuando el rey Juan de Portugal es aconsejado por el doctor Calzadilla para que envíe un hábil piloto portugués a descubrir nuevas tierras, para arrebatarle de esa forma el posible triunfo a Cristóbal Colón. Dice entonces Miguel González:

> Lo que intentas, navecilla,
> con ansia y designio tal,
> no es gloria de Portugal,
> ni empresa de Calzadilla.
> Tan no vista maravilla,
> tan no esperado blasón,
> tan noble y heroica acción,
> como buscas afanada,
> sabe que está reservada
> solamente al gran Colón.

Hay otros pasajes históricos recogidos por González en sus décimas, pero el poeta, desde mucho antes, se había inspirado en el Descubridor. En otra décima que data de 1789, se refiere a la pintura que simboliza la fe: una matrona con los ojos vendados, un cáliz en una mano y en la otra una antorcha encendida:

> Siempre firme conservé,
> con la más tranquila calma,
> en el centro de mi alma
> esa antorcha de la Fe.
> Guiado de ella intenté
> hacer mi navegación

> ostentando ese blasón
> que católico me sella,
> y haciendo más caso de ella
> que del nombre de Colón.

PRIMER ROMANCERO CON UNA DEMORA DE CUATRO SIGLOS
También Ángel Lasso de la Vega, cuya opinión de que "Colón no tuvo un Camoens" menciono al principio, publicó en 1859 su oda "Colón y España", ya con evidente grandilocuencia romántica:

> ¡Cómo del bronce por la vez primera
> resuena el estampido
> de la región hallada en la ribera,
> y el eco repetido
> de júbilo y el himno de alabanza
> que ardiente sube a la celeste esfera!

Ventura García Escobar (1817-1859), autor de obras teatrales como *El Cid*, acogida con gran éxito en Madrid y en Valladolid, escribió también el poema *Romancero de Cristóbal Colón*, publicado siete años después de su muerte en una edición de 512 páginas. García Escobar tuvo el buen tino de ir cambiando la rima de su largo romance, que lo hace más agradable al oído. Pongo dos ejemplos, uno grave con las vocales o-a, y el otro rimado agudamente con la vocal o:

> Zarpa, al fin, la flota; hiende
> con solemnidad las ondas,
> riza el mar, rasga el espacio,
> y el mundo antiguo abandona.
> ***
> ...sumida la escuadra yace
> un día y dos... y otros dos,
> como el cautivo que el campo
> mira desde su prisión.

El de García Escobar, primer *romancero* dedicado a Cristóbal Colón, fue escrito casi cuatro siglos después del Descubrimiento...

─────── *Colón cantado* ───────

> *Por La Rábida, monasterio en semilla, fue y es América. Decir La Rábida es como ver caminar por las aguas el crucifijo que avanza.*
>
> ODON BETANZOS PALACIOS

CAPÍTULO III

Ecos románticos frente al Descubrimiento

UN ORIGINAL POEMA DE JOSÉ MARÍA HEREDIA

En 1825, José María Heredia publica en Nueva York la primera edición de sus *Poesías*. Fue el mismo año de su "Himno del desterrado", tan prendido a la conciencia cubana, marcada en la historia con el hierro vivo del exilio. Por algo Heredia fue el primer Poeta Nacional de Cuba. Siete años después, en Francia, se publicaron aquellas poesías, en una "Segunda edición corregida y aumentada". Un poema de Heredia: "Los compañeros de Colón", aparece ya en aquellas ediciones, y el tema goza de perenne originalidad. Para relatar las dificultades del primer viaje de Colón hacia lo desconocido, tras una introducción que se resuelve en tres estrofas, narra Heredia la reacción miedosa de los marineros del gran viaje histórico. Y "uno, el más atrevido,/ les habla así con tono dolorido":

> "¡Compañeros de afán! Cuarenta veces
> hizo su giro el sol, sin que veamos
> las costas de la tierra codiciada
> que nos anuncia el infeliz piloto
> a quien ciegos creímos..."

"Cuarenta veces", dice el marino disconforme, y faltaban treinta para llegar al Nuevo Mundo. Pero sigue hablando y enardeciendo la tropa, en varias estrofas. Acaso la mejor es la siguiente:

> "Y ¿os ostinais en ceguedad funesta
> sordos ¡ay!, a la voz del desengaño?
> ¡Vil seductor! ¿A su codicia insana
> nos hemos de inmolar? -No: alzad, amigos,
> y la muerte evitemos,
> y a la patria dulcísima tornemos."

Inmediatamente después, la última estrofa: epifonema que retrata la seguridad de Colón en la gran empresa:

> Dice, y aplauden, y sonado el eco
> revuelve por el aire y el Océano
> el extraño clamor, mientra en la popa,
> el cobarde murmurio despreciando
> de la turba impaciente,
> ¡alza Colón imperturbable frente!

En el libro de José María Gárate Córdoba, *La poesía del Descubrimiento*, hay dos críticas a esta última estrofa de Heredia. Una es a la "licencia demasiado anticuada" de *mientra* en vez de "mientras", que podía haberse resuelto eliminando el artículo "la": "...el extraño clamor, mientras en popa...". Es verdad que el verso hubiera ganado en correcta versificación, pero no olvidemos que en los tiempos de Heredia, eran frecuentes los metaplasmos, y la apócope *mientra* era bastante común *entonce*... es decir, entonces.

La otra crítica es al último verso del poema: "...alza Colón imperturbable frente." Dice Gárate Córdoba, con toda razón, que el poeta cubano bien pudo haber escrito "...alza Colón *su* imperturbable frente." Claro que se añade una sílaba, pero métricamente la elimina una sinalefa. Refiriéndome al mismo tema, en un artículo publicado en *Diario Las Américas*, de Miami, Florida, el

———— *Colón cantado* ————

3 de diciembre de 1992, escribí que "en el libro *José María Heredia, Poesías completas,* del escritor cubano, miembro del Instituto de Cultura Hispánica de Madrid, profesor e investigador literario Ángel Aparicio Laurencio, publicado por *Ediciones Universal* de Miami en 1970, ese verso aparece de la siguiente forma: "...alza Colón la imperturbable frente." Es decir, correctísimo en su versión versificadora, y con el ímpetu suficiente para un cierre magistral". Seguidamente, me refería a que Aparicio Laurencio había preparado la antología crítica usando textos directamente de las dos ediciones publicadas por Heredia, una en 1825 en Nueva York y la otra en 1832 en Toluca, México. Y añadía yo que "evidentemente, estamos ante otro caso de la mala reproducción de un linotipista distraído que omitió un artículo, lo que dañó el poema en sucesivas reproducciones. El libro de Gárate Córdoba se publicó siete años después que el de Aparicio Laurencio, pero todo indica que el catedrático español leyó el poema de Heredia en otras páginas defectuosas". Es necesario hacer ahora una aclaración definitiva, puesto que José María Gárate Córdoba tenia absoluta y total razón, tanto en la crítica hecha como en el verso reproducido por él. La claridad me vino, finalmente, cuando el escritor cubano-dominicano Daniel Efraín Raimundo puso en mis manos una copia del libro de Heredia de 1832, publicada en París a fines del Siglo XIX. Efectivamente, el verso final del poema herediano termina así: "Alza Colón imperturbable frente". Al hacer ahora la aclaración, y reconocer la excelencia crítica de Gárate Córdoba, que además tenía en sus manos textos originales de Heredia, me refiero al artículo de Daniel Efraín Raimundo: "Recado cordial al poeta Luis Mario", publicado también en *Diario Las Américas,* el 10 de diciembre de 1992. Todo, en ese artículo, está convenientemente aclarado, pero discrepo solamente de la afirmación de que "tanto Aparicio Laurencio como otros trataron de dictarle cátedra a Heredia de cómo quitar artículos y preposiciones..." No obstante, aún tratándose de José María Heredia, cualquiera que esté en conocimiento de causa tiene absoluto derecho de hacer las aclaraciones que crea pertinentes y las correcciones lógicas si está preparado para hacerlas, como en

el caso de Gárate Córdoba y Ángel Aparicio Laurencio. Por lo demás, estoy seguro de que Heredia se hubiera sentido honrado de haber sabido que, más de siglo y medio después de la publicación de "Los compañeros de Colón", un profesor español —José María Gárate Córdoba— le hizo una necesaria aclaración crítica a su poema.

Por otro lado, en 1828, tres años después de la primera publicación de este poema, Heredia lo incluyó también en sus páginas *El Amigo del Pueblo,* y *El Sol,* en México, ambos números en el mes de mayo. De esa manera un cubano sin patria -cuyos motivos de resquemor hacia la colonia española no le nublaban la vista- honraba al Descubridor de América. El poeta cubano, herido de ausencias, no lanzaba denuestos, que tan anacrónicamente se han puesto de moda a la altura de los quinientos años. Tardía reacción de los "indígenas" de piel blanca apellidados Fernández, Rodríguez y Pérez...

EL CUCALAMBÉ Y SU VERSIÓN ROMÁNTICA

La Abeja fue un periódico quincenal de ciencias, literatura y artes que se publicaba en Trinidad, Cuba, a mediados del Siglo XIX. En el número correspondiente al 1ro. de octubre de 1856, próximo el aniversario 364 del Descubrimiento, hay unas décimas firmadas por El Cucalambé (Juan Cristóbal Nápoles Fajardo) tituladas "Los indios de Cueiba", y dedicadas "A Don Francisco Agüero y A." A principios del Siglo XVI había en Cuba 16 cacicazgos. Cueiba era uno de ellos situado en la provincia de Oriente. Los otros 15 eran Guaniguanico, Marien, Habana, Sabaneque, Xagua, Cubanacán, Magón, Camagüey, Ornafay, Maniabón, Bayamo, Macaca, Baytiquirí, Baracoa y Maisí. Las décimas del Cucalambé son una versión romántica del Descubrimiento, que relatan los primeros obstáculos que encuentran Colón y sus acompañantes para avanzar entre la tupida vegetación. Pero al fin se encuentran con los indios de Cueiba, y los españoles son colmados de atenciones y halagos. El poeta se refiere a Colón como "osado genovés" y "audaz marino", y es en la décima decimotercera donde lo llama por su nombre: "Allí Cristóbal Colón/ clavó con su diestra mano/del monarca castellano/ el espléndido pendón." Nápoles Fajardo fue el relatador popular en décimas de la vida de los indios en Cuba y el rescatador de innumerables voces indígenas, como aparecen en su libro *Rumores del Hórmigo*. (Hórmigo, riachuelo oriental).

ÉXITO DE *LA ATLÁNTIDA*, DE JACINTO VERDAGUER
Siguiendo con el Siglo XIX, el poeta y escritor catalán Jacinto Verdaguer (1845-1902), calificado como uno de los grandes poetas épicos españoles, obtuvo un éxito enorme con su poema *La Atlántida*, que le valió un homenaje en el Ateneo de Barcelona en 1877. Al año siguiente, de visita en Roma, el Papa León XIII le pidió una copia del poema, lo que dice mucho de cómo se propagó la excelencia de aquellos versos. Pero lo que interesa ahora de *La Atlántida* es su parte final, dedicada a la idea de que para reparar la falta del continente hundido, surgió otro continente, el americano, gracias a Cristóbal Colón. Verdaguer enlaza la historia antigua clásica con el cristianismo de su época, y más de un crítico -entre ellos Marcelino Menéndez y Pelayo- ha tildado su obra de colosal. En los versos de Verdaguer, escritos en arte mayor, se combinan a veces endecasílabos con alejandrinos, como en el siguiente ejemplo, aunque en el primer verso se presenta un hiato (*Atlántida-hundida*) para poder realizar el conteo endecasilábico:

> Detrás de aquella Atlántida hundida,
> la virgen de su amor ha presentido,
> como a través de un puente, una bella ciudad...

Y otro momento lírico es cuando Colón, optimista, exclama:

> ...yo volveré el Atlántico a pasar.
> ¡Despierta, Humanidad! ¡Mira tu Eva,
> que del lecho de flores, olorosa se eleva!
> ¡Ve, Adán de los mundos! ¡Corre y abrázala!

Ese final esdrújulo habría que convertirlo en agudo con el recurso de una diástole: *abrazalá,* para rimar con el verbo "pasar" y convertir de inmediato una cadencia innominada en un rotundo alejandrino. Hay que considerar también que, en ocasiones, el enclítico convierte la forma esdrújula en biacentual oxítona, como ocurre generalmente en Valencia, forma aceptada en toda España aunque no en Hispanoamérica, donde es común el uso esdrújulo. No se trata de una licencia poética sino de una antigua forma de pronunciación que se conserva en el lenguaje poético, y que, por razones etimológicas, viene directamente del latín: *adoramos te* en vez de *te adoramos*. Es probable que esa influencia fue la que predominó en Verdaguer, porque los antecedentes vienen de lejos, como Cervantes con su "señor huésped, *oigamé"*, de *La gran sultana;* Quevedo en "A doña Beatriz": "...que me quieras; *niegaló";* y no necesariamente con palabras esdrújulas, sino agudas, como Santa Teresa de Jesús en su villancico "Vertiendo esta sangre": "de mucho *amar-mé"*. Posteriormente hay una larga serie de ejemplos que incluyen nada menos que a Rubén Darío, (¡Hacia la fuente de noche y olvido/ Francisca Sánchez, *acompañame...!);* Amado Nervo, (...y, pues que nada tengo ni pido/ ¡Señor, al menos, *vuelvemelá!);* Antonio Machado, (¿Rezamos? -No. *Vamonós*.../ Si la madeja enredamos/ con esta fiebre, ¡por Dios!,/ ya nunca la devanamos...); Alfonsina Storni, (No las grandes verdades yo te pregunto, que,/ no las contestarías; solamente investigo/ si, cuando me gestaste, fue la Luna testigo,/ por los oscuros patios en flor, *paseandosé);* y, finalmente, García Lorca, aunque en este caso se trata de una pincelada folclórica, por tratarse de un sustantivo llano "verde": (Arbolé, arbolé/ seco y verdé...). No obstante, para entender bien el término desde un punto de vista fónico, hay que recurrir a la doble acentuación sólo para poner ejemplos didácticos que no se usan en la escritura: *acompáñamé, vuélvemelá, vámonós,* etc.

GERTRUDIS GÓMEZ DE AVELLANEDA Y SU *HIMNO A COLÓN*
En el romanticismo cubano, además del poema de Heredia, se destaca otra obra poética dedicada a Colón, pero en forma de himno. Precisamente, "Himno" es su título, y fue escrito por

Colón cantado

Gertrudis Gómez de Avellaneda (1814-1875), para la inauguración en la actual ciudad de Cárdenas, provincia de Matanzas, Cuba, de una estatua de Colón. Era el 26 de diciembre de 1862. La siguiente octavilla aguda con versos pentasílabos abre y cierra el himno:

> Esparcid flores,
> ninfas de Cuba,
> y al cielo suba
> canto marcial;
> pues ya la efigie
> del Almirante
> pisó triunfante
> su pedestal.

La obra está escrita en versos decasílabos de himno, o sea, con acentuación fija en tercera y sexta sílabas, y es un canto entusiasta al Descubridor de América, con un final a toda orquesta:

> Sube, pues, coronada la frente,
> sube ufano al feliz pedestal...
> Nuestro amor te lo brinda ferviente;
> lo saluda el pendón nacional;
>
> y dos mundos, que llena tu nombre,
> y te deben su próspera unión,
> ecos mil volverán, ¡grande hombre!,
> de este pueblo a la fausta ovación.

Algo curioso resalta en la novena estrofa, que es la antepenúltima del himno, cuando la Avellaneda se refiere a la anexión de Santo Domingo a España, ocurrida el 18 de marzo de 1861:

> Se alza digna la antigua Española,
> que la sombra materna abjuró,
> y de nuevo la enseña tremola
> que en sus costas tu diestra clavó.

La estatua a Colón fue inaugurada en presencia de altas personalidades, principalmente Domingo Verdugo, esposo de la Avellaneda, que ocupaba la Tenencia de Gobierno en Cárdenas desde el 9 de agosto de 1860. Según relata la profesora cubana Florinda Álzaga, en su libro *La Avellaneda: intensidad y vanguardia*, "Verdugo profiere un discurso vibrante. Enfatiza la importancia del entusiasmo como potente motor de las acciones en la juventud de individuos y pueblos; concede, gentil, el mérito del proyecto a la joven Cárdenas y, refiriéndose a Colón exclama: 'Jamás, sin el impulso enérgico del entusiasmo, hubiera lanzado sus frágiles carabelas por los ignotos abismos del Atlántico, para plantar la Sagrada Cruz del Gólgota y la ilustre enseña de Castilla en este hemisferio que habitamos'. Verdugo cierra sus palabras con vivas a la Reina, a su representante en la Isla y al pueblo de Cárdenas, e irrumpe en el aire un *Himno para la inauguración de la gran estatua de Cristóbal Colón*. La letra es de Tula".

Menos de tres años después del "Himno" de la Avellaneda dedicado a Colón, el 11 de julio de 1865, los españoles se retiraron de La Española, como la había bautizado el Gran Almirante al descubrirla en el primero de sus cuatro viajes. Por lo demás, vale destacar que la estatua de Cristóbal Colón fue modelada por el renombrado escultor valenciano José Piquer, y vaciada en bronce en Marsella. Pero lo más importante de todo es que aquella fue la primera vez que se levantó en América una estatua a su descubridor. ¿Olvido? ¿Indiferencia? ¿Ingratitud? No sé... No es fácil encontrar una calificación apropiada, pero sí llegó tarde un reconocimiento como aquel, porque al erigirse en Cuba la primera estatua, habían transcurrido 370 años de la llegada de Colón al Nuevo Mundo. Sin embargo, fue peor en la propia España, porque 26 años después, el primero de junio de 1888, se erigió el primer monumento a Colón en la Madre Patria, inaugurado por la reina regente María Cristina, en Barcelona.

PUERTO RICO ROMÁNTICO EN EL DESCUBRIMIENTO
El romanticismo puertorriqueño tiene un poeta triste, tocado por

Colón cantado

la influencia becqueriana, que le dejó un canto a su tierra similar a un erotismo patriótico, en el largo poema que tituló "Puerto Rico". Se trata de José Gautier Benítez (1848-1880), que en el pasaje del Descubrimiento no menciona a Colón, pero lo hace sentir al mando de las tres naves:

> Al viento del azar tendió sus velas
> desde el confín del túrbido oceano,
> y la suerte llevó sus carabelas
> a chocar con el mundo americano.

En seguida, la descripción caribeña:

> Todo es en ti voluptuoso y leve,
> dulce, apacible, halagador y tierno,
> y tu mundo moral su encanto debe
> al dulce influjo de tu mundo externo.
>   Por eso, en aquel día
> que abordaron las naves castellanas
> a tus áureas riberas, patria mía,
>   tus tribus aborígenes,
> dominando el temor que las llevara
> al seno oscuro de tus selvas vírgenes,
>   tranquilas contemplaron,
> regresando apacibles a tu orilla,
> cómo los brazos de la Cruz se alzaron
> bajo el rojo estandarte de Castilla.

Fue Lola Rodríguez de Tió (1843-1924), sin embargo, la que cantó en décimas el nacimiento de un mundo nuevo. Desde la primera redondilla: "Comienza el alba a lucir/ de Palos en la ribera./ Y en breve Colón espera/ el instante de partir", hasta el final, los octosílabos hacen historia sin muchas pretensiones literarias. Todo en esas décimas es convencional y simple, pero denotan la preocupación de la poetisa porque "...el ilustre mendigo...

> que vio sus amargas penas
> tornarse en horas serenas,

> llenando al orbe de asombro,
> es el primero que al hombro
> va arrastrando las cadenas!"

Por su parte, el educador Eugenio María de Hostos (1839-1903), puertorriqueño que soñó con unir en una sola patria a su país, Cuba y Santo Domingo, hoy República Dominicana, también escribió un vibrante poema titulado "El nacimiento del mundo nuevo o La turba anonadada", rico en vocablos y henchido de adjetivaciones. Y el poeta ve a Colón cuando "agolpada a la prora de las naos,/ devora con la vista el horizonte,/ pide salir del caos/ que forman, confundidos en su mente,/ la esperanza y la duda;/ pide más luz a la brillante noche,/ alas al viento perezoso pide,/ insta y maldice al tiempo imperturbable,/ execra la distancia,/ abomina del orden invariable,/ urge al espacio a que le entregue el mundo..." Y sigue con los enérgicos colores de su paleta musical, temeroso de los que se alzan contra el Almirante y pueden dar al traste con la misión histórica. Pero no:

> Es Colón, es Colón: como primero
> en dar fe a la verdad allá en su mente
> el primero es también
> que a su innegable realidad asiente.

Pero más adelante está la clave meritoria, el luminoso bosquejo para un busto del Almirante:

> Colón por siempre retratado queda
> en la eterna retina de la Historia,
> tal cual ante ella apareció en su gloria.

Ramón Negrón Flores (1867-1945) escribe en tercetos "América", y al evocar el grito "tierra", de Rodrigo de Triana, se lanza por el anticipo del porvenir:

> ...el eco fraccionado de aquel grito
> era crüel declaración de guerra
> bramando como un trueno en lo infinito.

──────── *Colón cantado* ────────

> ¡El triunfo de Colón estaba hecho
> como el triunfo de España estaba escrito!
> El genovés, en gratitud deshecho,
> sintió que al revivirle la esperanza
> le crecía la fe dentro del pecho,
> ya que en la noche y peregrina andanza
> de sacar del abismo un mundo a flote,
> tal vez si columbrara en lontananza
> al noble precursor de Don Quijote.

José Enamorado Cuesta es otro poeta puertorriqueño que, como su apellido, estuvo enamorado del tema del Descubrimiento. Muchos sonetos escribió bajo el título de "Salve Hispania". Reproduzco uno que da la medida del conjunto:

> Y se achica la mar bajo las proras
> de las naves hispano-lusitanas,
> dominadas las tierras tramontanas
> por esforzadas huestes invasoras.
>
> Cortés, Pizarro, Ponce: vencedoras
> banderas y estandartes castellanos
> y la cruz de Pontífices romanos
> de todo el mundo indiano son señoras.
>
> Magallanes, Solises y Pinzones
> ¡buscan encadenar el Oceano
> abriendo con sus quillas y espolones
>
> los caminos ignotos! El arcano
> hay que arrancar al Mar de los Colones
> para hacer ¡oh prodigio!, un mundo hispano.

El Casino de Mayagüez celebró el 12 de octubre de 1892 una velada en honor del Descubridor de América, y se llevó a escena un "Monólogo de *El Regreso de Cristóbal Colón,* cuadro histórico-dramático en un acto y en verso", escrito por el poeta Manuel M. Sama. Hay alborozo general cuando, al grito de "¡Tierra!", se suman otros marineros: "¡Gritos mezclados con lloro!/ ¡Allí el ansiado tesoro/ del fondo del mar surgía!" Y el propio Colón concluye:

> ¡Ya no era sombra ilusoria!,
> la tierra que a ver se alcanza
> es galardón de victoria,
> enseña de vuestra gloria
> y triunfo de mi esperanza!

POEMA TRUNCO DE QUEROL

Vicente Wenceslao Querol (1836-1889), uno de los que iniciaron los Juegos Florales en Valencia, tierra donde nació y murió, se distinguió con tres temas: religión, amor y patria. De esa última inclinación surgió, seguramente, el poema que le dedicó a Colón y que la muerte dejó sin terminar. La obra de este poeta se fue desgranando en publicaciones literarias del siglo pasado, y hasta las primeras estrofas de su poema colombino, celebrado por escritores y críticos, no ha gozado de la preferencia de los antólogos. Sin embargo, hay en aquellos versos instantes de notable dramatismo, sobre todo cuando Colón está a punto de culminar la proeza, debatiéndose entre los momentos difíciles que le daba una tripulación asustada y levantisca:

> Sólo allá, en el mayor de los tres buques,
> de pie sobre la proa, un hombre vela;
> alto, fornido; los nervudos brazos
> cruzados sobre el pecho; en la serena
> frente desnuda, la claror dudosa
> que baña sus guedejas cenicientas,
> forma un nimbo de gloria; en la mirada,
> limpia y azul, las lumbres centellean
> del encendido espíritu, y sus labios
> trémulos hablan con las sombras densas...

Aunque lo mejor de la poesía de Querol está en sus *Rimas*, publicadas en 1877, no debe dudarse que su poema a Colón, con toda su exaltación romántica, se hubiera catalogado como una de

Colón cantado

las primeras obras escritas sobre el tema del Descubrimiento. No fue su culpa, desde luego, que la muerte se interpusiera y sus versos quedaran para siempre inconclusos.

MONÓLOGO DE COLÓN EN LA VOZ DE VÍCTOR BALAGUER
Otro poeta romántico español, el catalán Víctor Balaguer (1824-1901), intercaló también el Descubrimiento en sus *Tragèdies* y *Noves tragèdies (Tragedias y Nuevas tragedias,* libros publicados en 1876 y 1879). Como ya me he referido al momento difícil afrontado por Colón en su primer viaje, reproduzco aquí una estrofa de Víctor Balaguer, traducción métricamente dudosa pero que, no obstante, describe en un monólogo del propio Descubridor de América, el intenso dramatismo en el que se debatía entre marineros temerosos y amenazantes:

> Si el corazón aprisa latir siento
> no es que tema a las olas ni a los monstruos,
> es miedo de marinos lo que temo.

Y tras pedirle a su barca que vuele al encuentro de su destino, la fe se sobrepone y lo fortalece:

> La tierra que allí espera... yo la he visto,
> la ve mi corazón, mi pensamiento... a ella
> a vela y remo vamos sin pararnos.
> Si la empresa es gigante, Dios ayuda,
> que son propicios los vientos y las olas.

El pronombre relativo *que* al empezar el verso, además de innecesario, daña el endecasílabo. Bien pudo el traductor sellar la estrofa con la elegancia rítmica de la lengua catalana:

> Si la empresa es gigante, Dios ayuda:
> Son propicios los vientos y las olas.

UNA ODA DE JUAN VALERA Y OTRA DE CAMPOAMOR
Aunque la investigación llevada a cabo por José María Gárate

Córdoba en su libro *La Poesía del Descubrimiento,* puede ampliarse con poemas nuevos, que es la meta de estas páginas, indudablemente se trata del estudio más profundo realizado sobre el tema. De repente, sorprende con el anuncio de una oda de Juan Valera (1824-1905): *A Cristóbal Colón,* de la que apenas hay noticias. Ni siquiera en el excelente *Diccionario de la Literatura,* de Federico Carlos Sainz de Robles, que le dedica dos páginas completas a Valera, se menciona esa oda de veintitrés octavas reales.

Un anticipo sobre el largo poema del hombre que descubrió a Rubén Darío para España, con su ensayo publicado en sus famosas *Cartas americanas,* queda sintetizado en dos versos:

> Dame que arranque al libro de la Historia,
> Colón, un canto digno de tu gloria.

Poema escrito en 1850, se perdió entre la indiferencia general. Tres años después de la oda de Valera, Ramón de Campoamor (1817-1901) publicó el libro de 244 páginas *Colón* (poema dramático), basado en otro libro: *Vida y viajes de Cristóbal Colón,* 1828, de Washington Irving. Campoamor entrelaza fantasías narrativas en su historia colombina, y con estilo verboso se aleja frecuentemente del tema central de su obra, que es el Gran Almirante. Tampoco escapan a estos versos las tan antipoéticas deducciones filosóficas de Campoamor, que si lograron cautivar a los lectores en su época, fue sólo ante el hastío por la inquietud vociferante de los románticos. Un ejemplo es cuando Pinzón cree que ha divisado tierra, pero todo es un espejismo, que se desarrolla con patética ingenuidad:

> -¡Tierra!, -grita: ¡buen Dios!, ¿será locura?
> ¡Nunca un placer como al oírlo tuve!
> Variad de rumbo. -¿Es cierta mi ventura?
> ¡No era tierra, oh dolor!, era una nube.

Y, de inmediato, la obligada moraleja campoamorina:

Colón cantado

> ¡Sucede tantas veces en la vida
> tomar por cosa real la que es fingida!

Otros poetas que, más o menos cronológicamente le escribieron versos a Colón, son Juan José García Velloso (1850-1907), español radicado largo tiempo en Argentina, que en su poema "Colón" pinta las tierras americanas y sus características, a veces con bien logrados símiles:

> ...el tabaco aromoso
> cual suave antorcha de mis sueños arde...

Entre los concursantes del Cuarto Centenario, certamen de la Real Academia Española en 1892, que al fin quedó sin otorgar premio alguno, figuró el sevillano José Lamarque de Novoa (1828-1904), con su "Cristóbal Colón". Para demostrar el interés de Lamarque de Novoa sobre los temas históricos, es un buen ejemplo su poema "La primera vuelta al mundo".

Más versos, titulados "Colón", como otros muchos, fueron escritos por Acacio Cáceres Prat (1851-1892), poeta éste natural de Canarias. Una de sus estrofas termina así:

> Y entretanto Colón, puesto de hinojos
> sobre la frágil barca,
> con profética unción alza los ojos
> y el cielo, el mar y el horizonte abarca.

Pero todavía queda un dato curioso: cuando sólo tenía catorce años de edad, en 1870, Marcelino Menéndez y Pelayo escribió el poema "Don Alonso de Aguilar en Sierra Bermeja", que vino a publicarse 85 años después, en 1955. Las octavas reales se refieren a Colón guiado por Dios, y lo llaman "genovés osado".

TRES POETAS TOMADOS AL AZAR

Un poeta guatemalteco que firma J. Arbizú, no sé en qué época escribió el poema "Cristóbal Colón", y empieza su poema de once estrofas con el siguiente cuarteto:

> Salud, salud, apóstol egregio de estos mundos.
> Proclamen hoy tu nombre cien ínclitas naciones,
> que unidas en un solo latir de corazones
> cantándote ensordezcan los ámbitos profundos!

En ese mismo tono se mantiene el poema que, sin embargo, sólo en el título menciona a Colón por su nombre. Otro poeta sin más referencia que sus versos, José Miguel Montejo Miranda, y su país de origen, Cuba, publicó en un periódico "A Colón". Resume en once estrofas el viaje de Colón, su regreso triunfal a España y hasta su muerte. En un cuarteto dice:

> Para la regia testa de los reyes,
> el ilustre Colón la insignia planta
> en la tierra más bella, que un mar canta,
> la tierra de los dignos siboneyes.

Y a otro poeta, éste mexicano de Campeche, Bernardo Ponce Font (1848-1904), se debe el soneto "A Cristóbal Colón", con ciertas puerilidades del lenguaje, como en los dos tercetos:

> Y fijas tus miradas hacia donde
> se une el mar con el alto firmamento,
> viste crecer en luz tu pensamiento,
>
> y anheloso clamaste: -"Allí se esconde";
> y al mirar tu secreto, sorprendido,
> el orbe se detuvo estremecido.

COLÓN Y CARLOS V: "LAS DOS GRANDEZAS"

A Eduardo de la Barra, poeta y publicista chileno nacido en 1839 y muerto en 1900, suele recordársele más por el prólogo que escribió para la primera edición de *Azul...*, de Rubén Darío, que por otros importantes trabajos suyos. *Estudios sobre la versificación castellana*, por ejemplo, es un libro lamentablemente ya

Colón cantado

desaparecido, cuyas incursiones en la Filología orientaron en su tiempo a no pocos poetas. En cierta ocasión, De la Barra unió en un mismo poema, dividido en tres partes, a Cristóbal Colón y a Carlos I de España (Carlos V de Alemania). La primera parte, "La Rábida", se refiere a la llegada de Colón al convento donde pidió limosna, poco antes de emprender la gran aventura oceánica. En la segunda parte, "San Yuste", el rey español llega al monasterio de Yuste en busca de paz. En su imperio "no se ponía jamás el sol", pero el soberano no podía soportar la carga de su propia grandeza. En "La Rábida", a donde Colón llega acompañado de su pequeño hijo, dice el futuro descubridor de América: "¡Llevo en mi cabeza un mundo/ y un humilde pan mendigo!" Un monje les da albergue y cena a ambos, y concluye con una redondilla: "-¡Al cielo alzad la oración,/ alzad al cielo los ojos!,/ clamó el monje; y vio de hinojos/ ante la cruz a Colón." En cuanto a Carlos V, la segunda parte del poema cambia la métrica que pasa a ser dodecasilábica, y acaso lo más emotivo es cuando el rey se dirige al convento... "Y llega y exclama: -¡Por Dios, que un asiento/ más alto que el mío yo vengo a buscar!" O sea que el trono divino era naturalmente superior a su gran poderío humano. Pero si esos dos versos llevan su carga de filosófica emoción, lo más desgarrador se desprende del final derrotista: "El sol en mis tierras jamás se ponía.../ ¡Yo soy Carlos Quinto; mi imperio pasó!" La tercera parte concluye con una cuarteta y una redondilla, que forman una doble moraleja:

> Así, con dolor profundo,
> la misma puerta tocaba
> el que iba en busca de un mundo
> y el que un mundo abandonaba.
>
> Y en el sagrado recinto,
> libre de humana ambición,
> hubo pan para Colón
> y paz para Carlos Quinto.

Casi olvidaba decir el título del poema: "Las dos grandezas", que acaso hubiera sido preferible de otra forma: "La grandeza mayor".

JOSÉ FORNARIS Y EL SIBONEYISMO
Y hay en el romanticismo cubano otro poeta que le cantó a Colón. Se trata de José Fornaris, creador del siboneyismo. Una de sus leyendas basadas en la vida de los siboneyes es "El cacique de Ornofay". Narran los versos que el cacique se enfrenta a Colón y lo increpa porque no sabe cuáles son sus intenciones. Colón invoca la Cruz de Cristo y el indio cree, pero contesta con la amenaza de una maldición si le han mentido: "Mas si a tu rey nos inmolas/ que al fin tu raza se vea/ hollada, y ¡maldita sea/ toda tu generación!" Después transcurre un siglo y, enigamáticamente, Fornaris cierra su poema sin saberse nada más del cacique de Ornofay.

JUAN DE DIOS PEZA: "COLÓN E ISABEL"
En una velada en México, el 12 de octubre de 1892, Juan de Dios Peza leyó su poema de 224 versos "Colón e Isabel". No relata el descubrimiento, sino la época posterior, aunque sí hace un recuento genealógico sobre la ascendencia de la reina Isabel. Abundan en estos versos las tan románticas hipérboles. ¿Quién no admira a Colón?: "La mar, la inmensa mar, esa es su lira,/ su Homero el sol, la tempestad su canto." Las estrofas son por el estilo de las silvas, aunque muchas de ellas sobrepasan los veinte versos, como la sexta, que tiene 74. En el poema se deslizan nombres epopéyicos: Hidalgo, Morelos, Juárez, Bolívar, Sucre... El final del poema es a pleno pulmón declamatorio:

> ¡Gloria al descubridor del Nuevo Mundo!
> ¡Gloria a Isabel, por quien miró cumplida
> su gigantesca empresa soberana!
> ¡Gloria, en fin, a la tierra prometida,
> la libre y virgen tierra americana!

— Colón cantado —

> Es Palos un pueblecito de mil quinientas almas, en el que no hay de notable más que la capilla o parroquia de San Jorge, donde Colón y sus compañeros oyeron misa antes de hacerse a la mar, en pos de lo que se creía quimérica fantasía de un marinero loco.
>
> RICARDO PALMA

CAPÍTULO IV

Tres poemas sobresalientes

JOSÉ SANTOS CHOCANO Y SU OFRENDA PERENNE A ESPAÑA

En mayo de 1905, tras un recorrido por América del Sur: Argentina, Brasil, Chile y Uruguay, José Santos Chocano llega a España. Se presenta entonces ante el rey Alfonso XIII, como secretario de una legación de su país, y se queda en aquellas tierras hasta 1909. El contacto del gran poeta peruano con la patria madre del hispanismo se había definido prontamente en versos, con su vibrante "Ofrenda a España". Así empieza: "Vengo desde la América española,/ a ofrendar este libro..." El libro al que se refiere es su obra mayor: *Alma América,* que publicaría en 1906; y, en 1908, *Fiat Lux!* La "Ofrenda a España" consta de 137 endecasílabos y dos heptasílabos y está dividida en ocho estrofas. Toda la pieza es un canto de exaltación y reconocimiento al país descubridor de América. Vale la pena su completa reproducción:

I
Vengo desde la América española,
a ofrendar este libro..., en que se siente
latir un corazón. Tal vez la ola
que me trajo hasta aquí gallardamente

puso a Colón sobre la playa sola,
también, del ignorado continente;
mas no en pausada y colonial galera
metálico tributo es el que envía
la indiana joven a la madre ibera,
sino en la del vapor, nave que un día
de ese mundo zarpó por vez primera,
es en la que, en vibrante poesía,
le ofrece el culto de su vida entera;
sus ídolos de ayer; la fe que abraza;
todas las ambiciones y desmayos
de la herencia latina en esta raza,
que el sol broncea con voraces rayos;
la vieja majestad de dos imperios
indígenas; los épicos clamores
resonantes en ambos hemisferios,
con que pasando van conquistadores;
el desfile de líricos virreyes,
llenos de hidalga brillantez y pompa;
la libertad de las criollas greyes,
digna de los elogios de la trompa,
ya que en ese fragor la sangre ibérica
lucha contra sí misma. Así la América,
pulsando, al pie de su nativa palma,
la castellana cítara armoniosa,
le ofrece un libro, y entre el libro el alma,
prisionera como una mariposa.

II

¿Qué tributo mejor en aquel día
en que el gran Don Quijote alce la frente,
para mirar al astro sin poniente
de las Españas cuando Dios quería?
Él abrirá su pecho alborozado
al saber que el Amor en el presente
hace más que la Fuerza en el pasado;
él mirará a sus pies la vida entera
con que vive en las Indias esa gente,
¡que se hizo libre, pero no extranjera!

Colón cantado

III
¡Cuál crece en Don Quijote la figura
del que fantasmas al redor divisa!
Epopeya de escarnio y de ternura,
que es como el Evangelio de la risa...
¡Ay! ¿Para qué soñar? Los corazones
no han, cuando sueñan, venturosa palma:
es fuerte quien no vive de ilusiones,
quien no siente molinos en el alma;
pero, ¿grande? ¡Eso no!
                      Tú sí eres grande,
España romancera y luminosa:
tú eres la Fe que el corazón expande;
tú, la Esperanza que en la Fe reposa;
y tú, la Caridad que por doquiera
va prodigando su alma generosa.
Grande fue tu ideal, grande tu sueño:
Tan grande fuiste en la cristiana era,
que el mundo antiguo resultó pequeño
y para ti se completó la Esfera.

IV
¿Y de quién fue la gloria que el demente
logró en su excelsitud? ¡Oh gloria extraña
la de aquel triunfo sobre el mar rugiente...!
Colón puso el delirio de su mente;
pero la realidad... la puso España.
América surgió de la energía
y del ensueño, de la unión austera
de una mujer y un hombre, a la manera
de la cristiana redención un día;
porque no hay obra de inmortal renombre
capaz de redimir la vida humana,
que, en consorcio ideal, no haya nacido
del cerebro de un hombre
al corazón de una mujer unido...

V
Y así América dice:
                    —¡Oh madre España!

Toma mi vida entera;
que yo te he dado el sol de mi montaña
y tú me has dado el sol de tu bandera.
Hay en mis venas el arranque hispano;
¡tuya fui, tuya soy!
                  No piensa en vano
que hasta la lengua que lo dice es tuya.
No en vano aún la lengua castellana
presta la pompa de su augusto traje
para cubrir la desnudez indiana...
No en vano el ardoroso continente
refresca, así, su espíritu salvaje,
en esta lengua, pura y transparente
como aquella agua en que las reinas moras
refrescaban sus carnes pecadoras...

VI

Por eso, España, la gloriosa viuda
que de heráldico orgullo se reviste,
tendrá un consuelo cuando sienta duda:
saber que un mundo con amor la asiste
y con su propia lengua la saluda.
¡Oh madre España! Toma —este es mi orgullo—
la selva virgen y la escarpa ruda;
el turpial, que te atrae con su ruego;
el palmar, que te envuelve con su arrullo;
y hasta el Sol, que te excita con su fuego...
Toma la pampa de verdor luciente;
el lago en que la brisa se refresca;
la de los Andes cordillera ingente
que contrae la faz del continente,
cual si fuese una arruga gigantesca...

VII

En las nevadas crestas de los Andes,
bajo un golpe de sol, el agua brota
y palmotea entre peñascos grandes
como una carcajada que rebota;
y en su carrera, sórdidos tumultos

suele arrastrar de piedras y de lodo,
a la manera del que arrastra insultos
pero que marcha en triunfo sobre todo:
se hunde luego debajo de las rocas
y se filtra en cascadas transparentes;
y, sin lodo otra vez, llena las bocas
de los abismos o improvisa fuentes.
El agua, así, que de la andina altura
descendió por las ásperas pendientes,
cuanto más se ha golpeado está más pura...
¡No te importen a ti, madre de un mundo,
los golpes que te des...!
                      En su caída
arrastra fango el manantial fecundo,
pero acaba por ser pureza y vida.
Y así en el ¡ay! de tus dolores grandes,
piensa que toda raza, en su aventura,
como el agua que brota de los Andes,
cuanto más se ha golpeado está más pura...

           VIII
Tal la musa hacia ti se vuelve toda;
y al ofrendarte el libro de su alma,
rejuvenece la vetusta oda.
Antes que el numen tropical la excite
y pulse, al pie de su nativa palma,
la castellana cítara repite:
— ¡Oh madre España! Acógeme en tus brazos
y al compás de mi cántico sonoro,
renueva el nudo de los viejos lazos;
que un anillo de oro hecho pedazos
ya no es anillo... ¡pero siempre es oro!

A pesar de ciertos defectos de repetición —la palabra alma aparece cuatro veces en el poema, y tres veces palma, su consonante más cercano— no hay dudas de que la "Ofrenda a España" es un poema monumental dentro de las corrientes modernistas en boga. Es de notar la presencia del Quijote que "...abrirá su pecho alborozado/ al saber que el Amor en el presente/ hace más que la

Fuerza en el pasado". Y el pensamiento para los españoles que, al vivir en las Indias, lograrían su independencia como americanos: "...esa gente,/ ¡que se hizo libre, pero no extranjera!" Chocano pone mayor importancia en el país que descubrió el Nuevo Mundo que en el propio descubridor: "Colón puso el delirio de su mente:/ pero la realidad... la puso España". En el penúltimo verso de la cuarta estrofa y en el segundo de la quinta aparecen los dos únicos heptasílabos del poema: "...del cerebro de un hombre" y "Toma mi vida entera"; y no falta su elogio al idioma, porque "hay en mis venas el arranque hispano;/ que hasta la lengua en que lo dice es tuya./ No en vano aún la lengua castellana/ presta la pompa de su augusto traje/ para cubrir la desnudez indiana..." En este poema, Chocano le rinde honor a España con toda la intensidad de su potente voz americana. Más valor tienen aún esos versos porque los escribió quien sería nombrado Poeta de América el 5 de noviembre de 1922, durante un homenaje de la municipalidad de Lima donde el mismo presidente, Augusto B. Leguía, le colocaría una corona de oro.

EL "CANTO A ESPAÑA" DE ANDRÉS ELOY BLANCO

En 1934, Andrés Eloy Blanco publicó su libro *Poda*. En el título, más que elocuente, gravita la intención del gran poeta de Venezuela, que es la conjugación insoslayable de un verbo a la hora de publicar un libro: escoger. Era la época de desperezarse de influencias. "Nunca me he lamentado de mi adolescencia de epígono literario", dice en el prólogo, aludiendo seguramente al *Modernismo*. Y claro que no tenía de qué lamentarse, porque en el ancho mundo de la Poesía todos vienen de alguien o de algo. Pero el poeta no ignoraba que debía seguir el impulso de su propia voz, ya de una enorme categoría. El primer poema del libro es el "Canto a España", que había sido escrito en marzo de 1923. Aquellos versos magistralmente oceánicos, con el exacto colorido que requiere la envergadura del tema, se salvaron de la poda realizada en *Poda*. La Real Academia Española le había otorgado a aquel extraordinario poema el primer premio del concurso del Ateneo de Santander. Once años después de escrito, Andrés Eloy

Colón cantado

Blanco lo consideró digno del libro que marcaría un gran paso en su ineludible destino de poeta. También parece una jugarreta de las circunstancias que el *Canto a España* se diera a conocer, precisamente, en el año que ponía fin al *Ultraísmo*. Lo que sí es intencional -elegantemente intencional- es cuando menciona en el prólogo a quien había sido su "gran camarada Gerardo Diego", para añadir rápidamente que nunca se había prestado para los coros *fashionables*. Y añade el poeta refiriéndose a los ultraístas: "Yo tenía fe en ellos, pero respeto demasiado mi sinceridad para dejarla en casa. Yo quería mi voz". Y esa voz original, dinámica, evocadora, hija de la juventud, se alzó en un "Canto a España" que no ha podido ser igualado por ningún otro poeta hispanoamericano. La gran puerta del poema es un serventesio alejandrino. Al leerlo, quedan anticipadas las cumbres líricas que vendrán después. Desde el comienzo, es necesario detenerse en esa primera estrofa. Toda ella es una imagen sin que intervengan el recurso metafórico ni la inventiva visionaria. Y aunque carezca de esos elementos, su fuerza sobrecoge y, desde ese instante, sabemos que estamos ante una obra que el poeta no dejará decaer. Mantener ese ritmo era una tarea a la medida de Andrés Eloy Blanco. He aquí su "Canto a España":

I
Yo me hundí hasta los hombros en el mar de Occidente,
yo me hundí hasta los hombros en el mar de Colón,
frente al Sol las pupilas, contra el viento la frente
y en la arena sin mancha sepultado el talón.

Trajo hasta mí la brisa su cascabel de plata,
me acribilló los nervios la descarga solar,
mis pulmones cobraron un aliento pirata
y corrió por mis venas toda el agua del mar.
Alcé los brazos húmedos a la celeste flama,
y cuando cayó en ellos el tropical fulgor
cada brazo creció, como una rama,
cada mano se abrió, como una flor.

Súbitamente, el agua gibóse[1] en un profundo
desbordamiento de maternidad...
Me sentí grande, inmenso, sin cabida en el mundo,
infinito y molécula, multitud y unidad.

Volví los ojos hacia mí; yo mismo
me oí sonoro, como el caracol,
y el ave de mi grito voló sobre el Abismo,
bebiendo espuma y respirando Sol.

Sentí crecer raíces en los pies, y por ellos
una savia ascendente renovaba mi ser;
hubo un afán de brote del torso a los cabellos,
cual si toda la carne me fuera a florecer.

Sembrado allí, bajo la azul rotonda,
integré la metáfora ancestral:
árbol en cuyo tronco se parte en dos la onda
y en cuya copa se hace trizas el vendaval...

¡Noble encina española de los Conquistadores,
que en mitad del Océano perfumas el ciclón,
bajo el mar las raíces, junto al cielo las flores
y perdida a los cuatro vientos la ramazón!
¡Cuando yo florecía, con los brazos tendidos,
eras tú quien estaba floreciéndome así,
y fui sonoro porque tuve nidos
cuando tus ruiseñores anidaron en mí!

¡Árbol del Romancero, Tronco de la Conquista,
Raza donde Dios puso su parte más artista,
follaje adonde vino la paloma a empollar!

---

(1) Aunque ya la Real Academia Española no define el verbo "gibar", todo indica que se trata de un sinónimo de "corcovar", o sea, "hacer que una cosa tenga corcova". Y así podemos llegar a la intención del poeta, al comparar el agua con la corcovadura, porque altera su forma normal exterior.

Colón cantado

Surja a tu sombra el Canto que incendie la ribera,
mientras te cubre con su enredadera
la reverberación crepuscular...

II
No son para la Lira manos que odian la calma;
¡para cantarte me he pulsado el alma!

Con un temblor de novia que se inicia,
con un azoramiento de novicia,
el candor de las páginas, rebaño de gacelas,
aguarda ante mis ojos la llegada del Cántico,
virgen como la espuma del Atlántico
antes del paso de las carabelas...

III
¡La Partida! Cacique, alza la frente
y cuéntame de nuevo lo que has visto;
tres naves que llegaron del Oriente,
como los Reyes Magos al pesebre de Cristo.
Desprendida del Texto, sobre la mar caía
del Balaam la vieja profecía.
Con un fulgor total de luna llena,
marcando el derrotero,
parecía colgada de una antena
la mirada de Dios en el lucero.

¡Estrella que defines sobre la frágil onda
la ruta del bajel,
en ti sintetizaron su mirada más honda
los ojos de Isabel!
Tú recuerdas al nauta en su camino
que es Dios quien fija el rumbo y da el destino
y el marino es apenas la expresión de un anhelo,
pues para andar sobre el azul marino
hay que mirar hacia el azul del cielo!
Acuchillaban la movible entraña
Melchor, Gaspar y Baltasar de España,
siempre en el aire inédito el bauprés,

¡y tú, Mar de los Indios, a su paso te abrías
como el Jordán herido por el manto de Elías
y el mar de los milagros al grito de Moisés!
Traen los Reyes el oro de las joyas reales,
la mirra de la luz
y el incienso que luego subirá en espirales
del alma de los indios al árbol de la Cruz.

¡Qué sorpresa oceánica, qué abismal armonía
la de aquellas auroras sin tormenta ni bruma,
mientras en los costados de la "Santa María"
derribaron las olas sus jinetes de espuma!

¡Qué prodigio de azul! ¡Las carabelas
tienen azul arriba y abajo y adelante!
Sólo un blanco: las velas;
y un verdor de esperanza: el almirante.

—¡Quiero volver a España!—, clamó la algarabía,
porque no presentía en esa hora
que estando atrás España, su barca dirigía
hacia España la prora.
Y cuando al fin la Anunciación de Triana
fue de grímpola en grímpola, de mesana en mesana,
y en pleno mar la isla irguió su flor,
para los Reyes Magos que buscaban su nido,
aquel mundo, del mar recién nacido,
fue como el de Belén, el Salvador.

IV

Y el Cacique de carne, desde el vecino cerro,
vio salir de las aguas unos hombres de hierro...

Mis caciques son ágiles, escalan las montañas
y sus pies son pezuñas y sus uñas guadañas.
La sierpe del Origen
cubrió los rudimentos de la casta aborigen;
de ella sacó el abuelo su astucia recogida
y en las Evas indianas multiplicó su vida.

Colón cantado

Fue su cuna un nidal; la hoja de parra
no llega hasta el secreto de su sapiencia suma;
ave fue, porque sólo del huevo, luz y bruma
que las carnes desgarra,
se engendra al mismo tiempo el pie de garra
y el arco iris de la sien de pluma.

Marcan la eternidad de sus dolores
en piedra de Epopeya diez Cuzcos, diez Tlaxcalas;
abajo, las cenizas de los Emperadores,
y arriba, el cuervo errante, que es el dolor con alas.

No piden a su Dios la buena suerte,
ni vana holganza, ni alegría estrecha;
dejan a lo divino lo que sigue a la muerte,
y el resto lo confían al tino de su flecha.

Y es su Pascua, la Pascua matutina,
más clara que la Pascua jovial de Palestina,
porque si en los católicos rebaños
el Pastor Galileo nace todos los años,
cada aurora del Indio florece epifanías
porque el Sol, Dios Supremo, nace todos los días...

Esa era América. ¡Nadie le dio nada!
De ti lo esperó todo, tú fuiste el Dios y el Hada;
su palma estaba sola bajo el celeste azur,
su luz no era reflejo, sino lumbre de estrella;
presintiendo tus cruces, ya había visto Ella
cien calvarios sangrando bajo la Cruz del Sur.

Y hubo sangre en mis montes y en mis llanos,
y tú fuiste hacia el mundo con un mundo en las manos.
América, desnuda, dormía frente al mar,
y la tomaste en brazos y la enseñaste a hablar.
Y toda la excelencia
de tu sagrada estirpe —valor, trabajo ciencia—
floreció por los siglos en el hombre injertado;
indio, cerebro virgen, español, alma en vuelo...

así en el campo nuevo, cuando pasa el arado,
la primera cosecha no deja ver el cielo...
V
Para cantar a España, traigan a nuestro coro
unos su voz de bronce y otros su voz de oro.

Poeta, labrador, soldado, todos,
en diversos altares y por distintos modos,
poetas, por el numen vital del optimismo!
Canten sus églogas los labradores,
entone el jardinero su madrigal de flores
y agite el navegante su poema de abismo!
Y canten por la España de siempre, por la vieja
y por la nueva: por la de Pelayo
y por la que suspira tras la reja,
por la de Uclés y la del Dos de Mayo:
por la del mar y por la de Pavía
y por la del torero... ¡España mía!,
pues siendo personal, eres más grande;
¡por la de Goya y por la de Berceo
y por el Pirineo,
que ansiando más azul subió hasta el Ande!
Por toda España, torreón de piedra
con un Cristo tallado, bajo talar de yedra.

Por la que da una mano del Quijote en Lepanto
y en Calderón descifra, como Daniel, la Vida,
y por la que saluda y tira el manto
cuando la cigarrera va a la corrida...
Por Gerona sin Francia, por Numancia sin Roma,
por Galicia emigrante, por Valencia huertana;
por la que se sonroja cuando asoma
el estilete de Villamediana;
por un Alfonso Diez, que hace las leyes;
por un Alfonso Trece, que es la Ley de los Reyes;
por la que mientras ruge Gonzalo en Ceriñola,
toma una espina al huerto de Loyola,
toma una flor al huerto de Teresa;
por Aragón, que el fuero consagra y multiplica:

Colón cantado

por Aragón, donde la Pilarica
dijo que no quería ser francesa...
Por León y Asturias, Aventino de España;
por Guipúzcoa dormida en la montaña;
por los tres lotos de las Baleares,
y por Andalucía que va a Sierra Morena
y Andalucía de la Macarena
y Andalucía de los Olivares.

Por Canarias del Teide, que es un fanal y un grito
—canario de Canarias— ¡Oh dulce don Benito...!
Por Cataluña, cuerno de abundancia;
por Navarra que dijo: ¡Mala la hubiste, Francia!,
por las lanzas de Diego velando una Menina;
por la tierra que ríos de maravillas riegan
y por Castilla, a cuyos pies doblegan
Saúl la espada y Débora la encina.
Castilla, hembra de acero de forja toledana,
cuyo encanto en la vía requebró Santillana,
Castilla que en las armas de Santander gobierna
su nave con las velas hinchadas de galerna;
Castilla del Imperio y de Padilla,
Castilla, que en sus Reinas es la Madre Castilla
para los goces y los desamparos,
desde Isabel, que forma la Escuadrilla,
hasta Victoria de los ojos claros...

VI

Y canten por la España ultramarina,
la que dirá a los siglos con su voz colombina
que el Imperio español no tiene fin,
¡porque aquí, Madre mía, son barro de tu barro,
lobeznos de Bolívar, cachorros de Pizarro,
nietos de Moctezuma, hijos de San Martín!

...Y una voz que refleje la exaltación suprema,
por el prodigio vasco sintetice el Poema;
¡por el prodigio vasco! Tierra de Rentería,
donde el primer Bolívar, mirando al mar un día

pudo decir: —¡También Vizcaya es ancha!
¡Por ti, cántabra piedra, que me diste la gloria
de Aquel que va gritando por la Historia,
caballero al galope de un rocín de la Mancha!

VII

¡Madre! Europa está toda florecida de espinos...
Ven... Aquí verás musgo en los senderos,
porque para tus lanzas no tenemos molinos
y para tus escudos no tenemos cabreros.
—¡Madre mía!— te digo y se diría
que mi voz va creciendo si dice "Madre mía...!"
Ven, que para ti somos mercado y jubileo;
ven con la Cruz y con el caduceo,
con tu enseña de sangre, donde flota una espiga;
¡sé tú, Ximena y Carmen, laurel entre claveles;
¡sé la España que tiene los ojos de Cibeles
y la España que lleva la navaja en la liga...!
De ese huerto en que fundes barros americanos,
América florida se te dará en olor;
así Dios, aquel día, tomó el barro en sus manos,
y el barro tuvo lágrimas y floreció de amor...
¡Hazte a la mar, España! Eres su dueño,
porque tus carabelas le arrancaron al Sueño,
y desde que angustiado de trinos españoles,
el turpial de "Goyescas" se abatió en las arenas,
hay más gemidos en los caracoles
y son más armoniosas las sirenas.
¡Hazte a la mar, Quijote! Nave de la Esperanza,
una adarga la vela y el bauprés una lanza:
cierra contra el rebaño que en las olas blanquea,
cobra al Futuro el secular reposo,
que hay en estas riberas del Toboso
lecho de palmas para Dulcinea.

Todo el mar de Occidente rebose de murmullos;
el Árbol de la Lengua se arrebuje en capullos;
haya en España mimos y en América arrullos;
el mismo vuelo tiendan al Porvenir las dos,

Colón cantado

y el Mundo, estupefacto, verá las maravillas
de una raza que tiene por pedestal tres quillas
y crece como un árbol, hacia el Cielo, hacia Dios...!

Todo en Andrés Eloy Blanco es entusiasmo. Diríase que el viaje de las tres carabelas acentúa en él una vieja gratitud sobre su tiempo joven. La última estrofa de la segunda parte finaliza con dos endecasílabos de cadencias diferentes para agilizar la prosodia: "...mientras te cubre con su enredadera/ la reverberación crepuscular..." Los dos son poco comunes: el primero provenzal y el segundo yámbico agudo, con un solo acento en sexta sílaba, naturalmente. Y esa es otra característica del *Canto a España:* su riqueza general, tanto en los golpes fónicos, como en el estallido tropológico y en el lenguaje que rebosa opulencia. Pero hay un relieve imaginativo en estos versos que, aun alimentados de los principios métricos al uso, quieren escaparse hacia rumbos ignorados. La exaltación es romántica, la exposición rítmica es modernista, pero el tono es otra cosa: "¡Estrella que defines sobre la frágil onda/ la ruta del bajel,/ en ti sintetizaron su mirada más honda/ los ojos de Isabel!"

En otro orden de cosas, hasta el color del cielo y el mar recuerdan la raíz del *Modernismo,* "pues para andar sobre el azul marino/ hay que mirar hacia el azul del cielo!"; pero Andrés Eloy Blanco va más allá, coordinando palabras como ladrillos luminosos para levantarles un monumento vitalicio a España y a Colón. Tal vez Fernando Paz Castillo, poeta y escritor de la misma generación de Andrés Eloy Blanco, la de 1918, es quien mejor define la característica primordial de la poesía de su gran compatriota, cuando dice que "para la fecha del *Canto a España,* aunque imaginativa y rica en expresiones metafóricas, en voces un poco barrocas a la manera de Calderón, es una reacción en el fondo contra el formalismo modernista, un poco amanerado ya, de los imitadores de Darío". Se nota, efectivamente, que hasta la profusión de colores consigue tonalidades distintas. Es la misma paleta de su tiempo pero, manejada de tal manera, que los versos anticipados dibujan el futuro: "¡Qué prodigio de azul!", dice el poeta, y se hace imperativo exclamar: ¡qué prodigio de poema! Tenía Andrés Eloy Blanco 26 años de edad cuando la Real Academia Española le premió su *Canto*. Además de un estímulo para él, lo fue para la juventud venezolana. Al recibir el reconocimiento internacional, la actitud poética de sus contemporáneos se enriqueció de ilusiones. Pero en el ambiente quedó el reto que desanimó a muchos, porque para hacerse acreedor de lauros iguales, había que ostentar no sólo aquel grado de voz poética y lograr aquel florecimiento de belleza artística, sino también estar a aquella altura de justicia histórica.

JOSÉ ÁNGEL BUESA LES CANTA A ESPAÑA Y A QUISQUEYA

El 22 de noviembre de 1975, el Suplemento Especial del *Listín Diario*, de Santo Domingo, publicó en su página 14 un poema premiado cuyo tema era "La República Dominicana y sus vínculos con la Madre Patria". El poeta no era hijo de la tierra de Duarte, sino de la de Martí. Su nombre, José Ángel Buesa. De imagen en imagen, con la pulcritud del poeta que conoce su oficio, se adentra Buesa en el tema favorecido por los cambios rítmicos. Son 145 versos que, de seguir una misma métrica, correrían el riesgo de un canto monótono. Por eso surgen los pareados y, de repente, los alejandrinos interrumpen la uniformidad endecasilábica. Más adelante, un quinteto; después otro, pero éste de rimas cruzadas. Y así se deslizan los versos, como una cascada armoniosamente irregular, cambiando metros, estrofas y rimas, hasta el emotivo quinteto final, resumen de una obra que abarca el encuentro de dos mundos, con justeza y ecuanimidad, que se enmarcan en el patriotismo abarcador y definitivo del idioma. Y Colón aquí y allá. A veces, firme con su presencia deseada. En ocasiones, elíptico. Sin más dilación, he aquí el poema:

> Hubo una España ayer, y hay otra España
> más próxima a la América futura;
> porque América mira hacia la altura
> como el árbol que nace en la montaña

Colón cantado

y aprende a florecer en la llanura.

Y la España del nuevo poderío
y la América en ímpetu ascendente
pueden unirse inseparablemente,
con la profunda intimidad del río
que siente suya el agua de la fuente.

En su Imperio, más vasto que el de Roma,
a pleno frío en la meseta andina
o en el bosque antillano a pleno aroma,
fundió el hispano el oro de la mina
y el indígena el oro del idioma.

Y tal vez, capitán y soberano,
la hoja de acero le pendió del cinto
con rico puño de metal peruano,
y al esgrimir su espada Carlos V
sintió el brío de América en su mano.

O bien, al resplandor de su aureola,
entre campanas de lamento ronco,
yacía San Ignacio de Loyola
en su humilde ataúd, hecho del tronco
de un árbol secular de la Española.

Y acaso el hombre de la mano seca,
sobreviviente de naval espanto,
después pudo escribir tan bien y tanto,
pues tuvo azufre de volcán azteca
la pólvora española de Lepanto.

***

Así, la unión de América y España
no fue un roce de manos, sino un temblor de entraña.

Y más, en la Quisqueya de Colón,
compartiendo el latido de un solo corazón.

Isla maravillosa, sin nieve en la montaña,
sin maligna serpiente ni feroz alimaña.

Isla perpetuamente en primavera
donde se va la vida como si no se fuera.

Colón dijo, al mirarla: "La más fermosa cosa
del mundo..." Y era cierto. Y aún es la más hermosa.

Por eso, en esta tierra, que fue la que más quiso,
creyó que en otros tiempos estuvo el Paraíso.

Y así, de nombre en nombre, de ola en ola,
solamente a esta isla la llamó La Española.

***

Nadie escoge su cuna, pero el sepulcro sí.
Y por eso el sepulcro de Colón está aquí.

***

Y como aquel amor, firme y profundo,
fue el amor de esta isla por España,
cuya bandera, en todo el Nuevo Mundo,
nunca flotó en Quisqueya como bandera extraña;

...pues desde el alba del Descubrimiento
se le rendía un homenaje igual
al Rey, con su primer alojamiento,
y a Dios, con su primera catedral.

Y así un día, después, triste y lejana,
en su amargura de quedarse sola,
fue la única tierra americana
donde flotó dos veces la bandera española.

Y aún mantiene el rescoldo de aquel fuego,

Colón cantado

sin cambiar con sus nombres su devoción de hermana;
Quisqueya, La Española, Santo Domingo luego,
y hoy la República Dominicana.

***

Ayer -no importa cuándo-
llegó con su tiniebla y con su brillo
el tiempo de las horcas de Nicolás de Ovando
y el tiempo de las flechas del cacique Enriquillo.

Fue el hombre más astuto ante el más fuerte,
que era el hombre de espada y arcabuz;
pero morían de la misma muerte
y después reposaban bajo la misma cruz.

Y, única paz de semejante guerra,
-la paz sin vencedor y sin vencido-
fue compartir, debajo de la tierra,
la hermandad silenciosa del olvido.

***

Aquí, más que el acero,
resplandecen a un Sol que no declina
un papel, una pluma y un tintero
en la celda de Tirso de Molina.

Y aquí, por vez primera,
el derecho a ser libre fue un camino,
al convertirse el púlpito en trinchera
con el sermón del Padre Montesino.

***

Esta isla fue un puente
que se tendió hacia el Nuevo Continente.

Fue un gran puente de gloria
por donde pasó España del brazo de la Historia.

Doble puente magnífico
de la Conquista y de la Exploración:
el puente de Balboa hacia el Pacífico,
el puente de Juan Pablo de León.

Y fue el puente, también, de los más grandes,
de los de más empuje en el afán,
Pizarro, con el sueño de los Andes,
y Hernán Cortés hacia Tenochtitlán.

***

Rica herencia de España
y aroma de un jardín paradisiaco,
vinieron a sembrarse los nudos de la caña
y fueron a encenderse las hojas del tabaco.

Pero en las lentas naos imperiales
vino más que lo mucho que se fue,
pues llevaron preciosos minerales
y trajeron los números, las letras y la Fe.

Así, más dura que el metal más duro,
la palabra que viene no se va;
y así, desde el pasado hacia el futuro,
si son de aquí las cosas, los nombres son de allá.

Junto a las tradiciones del denuedo
subsiste aquí la evocación hispana
en las estrechas calles de Toledo
que se han ido mudando para la Atarazana.

Y, de alguna manera,
vuelven a ser España, en lo que son,
la Casa del Cordón, noble y severa,
y el señorial Alcázar de Colón.

Hay pétalos y espinas,
cosas que quedan y hombres que se van,

Colón cantado

pero el Ayer resurge de las ruinas
como en Santo Domingo de Guzmán.

***

En el Arte, que junta
en un solo violín toda una orquesta,
Pablo de Sarasate es la pregunta
pero Gabriel del Orbe es la respuesta.

Allá Bécquer soñaba golondrinas
suspirando su pena misteriosa,
como aquí, rondador de las esquinas,
pasaba Fabio Fiallo con su "Gólgota Rosa".

Y allá con la energía sin desmayo,
como aquí con la cumbre que se sueña,
al callar Marcelino Menéndez y Pelayo
siguió hablando en su nombre Pedro Henríquez Ureña.

***

Ayer, torpe dialecto del salvaje,
rencor de las cadenas del largo vasallaje
y angélica ternura de Fray Bartolomé;
hoy, hombres de otro tiempo pero de igual lenguaje,
que comparten la Ciencia compartiendo la Fe.

Ayer, tierra del indio y del colono,
apenas grada humilde del espléndido trono,
hoy, gesto sin sospecha, mirada sin encono
y la buena sonrisa de la buena amistad.

Porque, ya sin la sangre de la hazaña,
un mar de olas alegres nos une con España,
transportando en su espuma cada día una flor,
desde estos campos verdes donde crece la caña,
desde estos pechos libres donde crece el amor!

Lo más admirable del poema de José Ángel Buesa dedicado a la hispanidad radica en su justicia. Un tema que ha sido blanco de tantas incomprensiones, rencillas, complejos de raza, rencores ilógicos y dialécticas de tono vengativo, es tratado en estos versos con dignidad y conciencia históricas. Si el Descubrimiento trajo la Conquista, siguiendo el eslabón de la cadena inevitable, el choque que se produciría no podía ser pacífico. Siempre hay culpas, pero son forzosas, ineludibles. Y Buesa, como un preclaro profesor de Historia del Nuevo Mundo, con ecuánime equidad, relata aquel encuentro de dos sangres que el tiempo convertiría en una sola. Al fundirse dos mundos se amplían tierras y sembrados. Lo desconocido de la agricultura vuela hacia Europa, pero hay reciprocidad. A veces, con la desventaja de cambiar azúcar por humo. También repara Buesa en que el pendón español flotó dos veces en el país donde él vivió los últimos años de su vida. Se refiere entonces a la anexión de Santo Domingo a España, en 1861, situación que finalizó cuando los españoles se retiraron en 1865. Lamentablemente, no todo es miel sobre hojuelas, como debería de ser. Buesa tenía que saberlo, pero al final de su poema triunfa la buena voluntad, y describe un panorama que todo americano agradecido debe conservar en la memoria del corazón.

Colón cantado

> *Decir que se celebra "el quinto centenario del descubrimiento de América" tiene una legítima justificación, porque fueron los españoles los que llegaron a estas tierras y descubrieron a los indios; y no los indios los que llegaron al Viejo Mundo y descubrieron a los europeos.*
>
> JOSÉ IGNACIO LASAGA

CAPÍTULO V

Modernistas y otras tendencias del Siglo XX

DE CARLOS FERNÁNDEZ SHAW A JOSÉ SANTOS CHOCANO

Por ser el *Modernismo* un movimiento netamente hispano americano, siempre que se habla de sus precursores se menciona a José Martí, Manuel Gutiérrez Nájera, José Asunción Silva y Julián del Casal. Se hace una especie de cerco aislante alrededor de España, y eso no es justo. Porque si la *Generación del 98* fue la equivalencia modernista del corifeo de la escuela, el indiscutible Rubén Darío, habría que indagar quién o quiénes fueron precursores de aquella áurea generación, en la que brillaron nada más y nada menos que poetas como los hermanos Machado y Ramón del Valle Inclán. Un poeta que muy bien podría colocarse en España como precursor modernista es Carlos Fernández-Shaw. Nacido en 1865 y muerto en 1911, si nos atenemos a la época, cabe perfectamente bien en la *Generación del 98,* aunque no se le considere así. Incluyendo a poetas y escritores en general que representan cabalmente el espíritu del 98, Unamuno nació en 1864; Valle Inclán, en 1866; Pío Baroja, en 1872; Azorín, en 1874 y Antonio Machado y Ramiro de Maeztu, en 1875. Fernández-Shaw hace gala a veces de timbres realmente modernistas. En "La vana elegía", por ejemplo, son notables sus endecasílabos arromanzados:

> Canto en las horas de la tibia tarde,
> lánguidas horas de la tarde clara;
> digo el misterio de las tenues voces,
> siento el encanto de las luces vagas;
> canto a la voz cuando en el aire tiembla,
> canto a la luz cuando su luz se apaga,
> canto a los frutos que en su flor quedaron,
> canto a la rosa que murió temprana...

Pero estos versos son una digresión del tema del Descubrimiento. El soneto de Fernández-Shaw, "Las tres carabelas", es el que vale la pena reproducir:

> Marchaban por el mar tres carabelas
> al impulso del genio castellano;
> marchaban por el mar, tendido y llano,
> con velas fuertes, de rugosas telas.
>
> Dejaban por el mar limpias estelas
> y aguardaban, del término lejano,
> reinos ignotos con que al aire vano
> por fin rindiesen las cansadas velas.
>
> Meditaba Colón, con sed de gloria.
> ¿Se engañaba quizás? ¡Error tremendo!
> ¿Soñaba, sin error? ¡Sueño fecundo!
>
> "¡Tierra!", gritaron. ¡Grito de victoria!
> Y al grito de Colón, "¡Tierra!", diciendo,
> se confirmó la redondez del mundo.

Por supuesto, no hay en estos versos de Fernández-Shaw ningún rasgo modernista. Ignoro en qué fecha los escribió, pero predomina en ellos el corte netamente romántico, con sus ingenuas admiraciones e interrogaciones. Sobresale, eso sí, el digno final de notable eufonía, con una sola vocal a, pero en el artículo central

Colón cantado

del verso:

> Se confirmó la redondez del mundo.

Si hay momentos en que un solo verso salva a todo un poema -y los hay- el final del soneto de Carlos Fernández-Shaw es uno de ellos.

"Fui el primero en saltar. La arena estaba húmeda/ como la mies de abril. Los pájaros abrían/ ojos de virgen. En las altas copas/ de las palmas los ángeles apretaban los hombres", dice la primera estrofa del interesante poema sin rimas "Guanahaní", del español Luis López Anglada. Se trata de "notas de un diario perdido de Colón", una original fantasía del poeta, con estrofas tan llamativas como la siguiente:

> Empuñé la bandera como quien se decide
> a sujetar las bridas de los tiempos.
> La clavé en la cadera de la orilla y en nombre
> de los Reyes de España inauguré la aurora.

José Santos Chocano honró a España no sólo con la *Ofrenda* publicada en el capítulo anterior (Página 45), sino con un soneto magistral: "Seno de reina", que resume la realidad del Viejo y el Nuevo Mundo. Impecable en su estructura alejandrina, debe ser muy mezquino el americano que no se solidarice con estos catorce versos:

> Era una reina hispana. No sé ni quién sería,
> ni cuál su egregio nombre, ni cómo su linaje:
> sé apenas la elegancia con que de su carruaje
> saltó, al oír a un niño que en un rincón gemía.
>
> Y dijo: -¿Por qué lloras? -La tarde estaba fría;
> y el niño estaba hambriento. La reina abrióse el traje
> y le dio el seno blanco por entre el blanco encaje,
> como lo hubiese hecho Santa Isabel de Hungría.

Es gloria de la estirpe la que le dio su pecho
a aquel hambriento niño, que acaso sentiría
más tarde un misterioso dinástico derecho;

y es gloria de la estirpe, porque ese amor fecundo
con que la reina al niño le dio su seno un día,
¡fue el mismo con que España le dio su seno a un mundo!

PEMÁN Y HUIDOBRO: LAS TRES CARABELAS Y UN SONETO

El divino impaciente, obra de José María Pemán estrenada en 1933, podrá no ser su mejor aporte al teatro, pero indudablemente está ligada a su nombre y su mención resulta insoslayable. Ganadora del Premio Espinosa Cortina de la Real Academia Española como la mejor obra teatral dada a conocer entre 1929 y 1933, hay críticos que atribuyen su enorme éxito a circunstancias especiales, pero lo cierto es que la vida de San Francisco Javier, misionero jesuita del Siglo XVI, cobra un impresionante interés en la pluma de Pemán, sobre todo por su aporte de moral cristiana. Cuando San Ignacio de Loyola, fundador de la Compañía de Jesús, descubre en Francisco Javier -díscolo compañero de estudios- un alma limpia y apta para entregarse al cristianismo, se opera realmente el cambio. Ese principio denota el triunfo que provocan las influencias positivas, base en la que se apoya la evangelización. Pero sin abandonar el tema del Descubrimiento, en *El divino impaciente* hay un pasaje que lo evoca, y es cuando Francisco Javier dialoga con varios estudiantes parisienses, y se refiere a las tres embarcaciones que cruzaron el Atlántico en 1492:

-¡Qué lindos nombres ingenuos,
como de tres infantinas!
-Es buen estilo de empresas
providentes y divinas
éste de sacar las grandes
cosas, de apariencias chicas.
No es extraño, Juan de Brito,
que esta empresa de las Indias,
naciera, por más contraste

Colón cantado

de su grandeza divina,
de tres pobres carabelas
que tienen nombres de niñas.

Y, más adelante, la bella expresión de un símil rico en poesía cuando dice que Castilla puso sobre los mares...

...oscuros de fantasías,
la claridad de tres velas
blancas como tres sonrisas.

Más o menos por la misma época en que Pemán escribía su *Divino impaciente,* un poeta chileno que adquiriría fama universal como fundador del movimiento vanguardista conocido como *Creacionismo,* también se refirió al Descubridor de América. Vicente Huidobro es el autor de un raro soneto de juventud que, de no estar calzado con su firma, nadie podría sospechar que es suyo. Se trata de "A Colón":

Adelante, Colón, sigue adelante,
es el ángel del mar el que te guía,
en ese ángel, sin miedo, en él confía
y hallarás lo que buscas anhelante.

Y si aún de entre las olas palpitante
esa tierra que tanto tu alma ansía
no ha surgido, seguro surgiría
en premio de tu audacia en un instante.

Porque del sumo ser la omnipotencia,
sin premio nunca deja al que confiado
arrójase en su brazo poderoso.

Comprendiólo tu clara inteligencia
y fuiste por tu fe recompensado,
¡sacando un mundo de la mar, coloso!

No. Es evidente que éste no es el Huidobro que todos conocemos.

Y es muy probable que el poeta chileno renegara después de sus endecasílabos de contenido arcaico, pero aquí quedan como testimonio de que él también reparó en la hazaña grandiosa del marino genovés.

UN SACERDOTE LE CANTA A LA HISPANIDAD

En un folleto publicado en Granada en 1985, el Padre Valentín Martínez se refiere en verso al tema de la hispanidad y, como es de esperarse, enfoca el Descubrimiento. La variación métrica del largo poema aligera la lectura y la hace más placentera. Heptasílabos, endecasílabos y alejandrinos están presentes, pero lo curioso es que el poeta incluye versificación acentual, demostrando así su dominio de la prosodia:

> Ya vienen las naves, las audaces naves;
> parecen sus velas las abiertas alas
>   de atrevidas aves;
> avanzan, avanzan tras una quimera,
> tras una ilusión...

Se trata, naturalmente, de versos en los que predomina el anfíbraco de la "Marcha triunfal" de Darío con la reiteración de una sílaba larga (tónica) entre dos breves (átonas). El Padre Martínez, entusiasmado por su españolismo exaltado, falta a la verdad histórica cuando dice en alejandrinos:

> Y, siendo caballeros, abrazan al vencido
> y viven hermanados vencido y vencedor.
> El español hidalgo y el indio ennoblecido
> a un mismo rey sirvieron, a un rey y a un mismo Dios.

Por supuesto, la historia no fue tan bella, ni era humanamente posible que lo fuera. Se puede amar a España y agradecerle todo lo bueno que trajo al Nuevo Mundo —principalmente la evangelización—, pero si a estas alturas a nadie beneficia darle calor a una falsa *leyenda negra,* tampoco es necesario pintar un panorama de miel sobre hojuelas, incierto a todas luces.

Colón cantado

EN LOS CAMINOS DE ALBERTO BAEZA FLORES

Sin ser exiliado de su patria, Chile, Alberto Baeza Flores viajaba como un exiliado al que tantos países le abren sus puertas. Este *poeta caminante*, fallecido el 5 de enero de 1998 en Miami, Florida, se pasaba la vida haciendo las maletas, pero así fue abonando su gloria, ya que sus semillas siguen enriqueciendo, con frutales poéticos, los ásperos terrenos de medio mundo. Y Baeza Flores, tan admirado en España, no pudo dejar pasar en silencio un acontecimiento de tanta magnitud histórica como el Quingentésimo Aniversario del Descubrimiento. "El Quijote del mar" era Colón para Baeza, y el poeta reparó en la diferencia de lo que buscaba Colón y lo que encontró. En vez de delicadas especias, "árboles recios/ -ceibas como techumbres vegetales del mundo-/ troncos gigantes, pájaros vivaces/ y raíces inmensas como ríos del sueño". Y como cronológicamente el marino genovés se anticipó a Cervantes, con toda lógica su poema termina así:

> Una hoja, al caer, lo miró conmovida.
> Se agitó una raíz de un árbol corpulento.
> Don Cristóbal Colón -soñador de los mares-
> se adelantó al manchego Quijote de los tiempos.

GARCÍA NIETO Y SU INGRESO ACADÉMICO

Con su "Nuevo elogio de la lengua española", ingresó en la Real Academia Española el poeta José García Nieto el 13 de marzo de 1983. Es un largo poema dividido en diez partes, con amplia diversidad prosódica y momentos ricos en luminosidad. La estrofa séptima se afianza en las prosas americanas de Agustín de Foxá, y García Nieto poetiza el dato histórico en el que no puede faltar Colón:

> Y recrean los nombres y los nombres repiten
> mujeres habaneras que ven llegar los barcos
> y extienden su mirada por los cañamelares...
>
> ...como en Santo Domingo, a orillas del Ozama
> donde dejó amarradas Colón sus carabelas,

se reza lentamente la oración de la tarde
en una iglesia abierta con velas encendidas
contra la blanca luna que nieva en los jardines.

Camilo José Cela leyó el discurso de contestación y recordó que "el poema nace de las raras nupcias del poeta con el azar". Este poema de García Nieto, no obstante, nació de algo más. Especialmente cuando termina la primera estrofa con dos versos que parecen producto de una profunda convicción adornada con una gran dosis de materia artística:

> Decid conmigo *lengua,* salvación de los miedos;
> decid conmigo *lengua* para que suene *patria.*

El último verso, sobre todo, es de una rara perfección. Sin diéresis, ni sinéresis, ni asonancias internas, ni siquiera una sinalefa, contiene en sus catorce sílabas las cinco vocales bien distribuidas para lograr la tan difícil eufonía pura.

REITERACIÓN DE COLÓN EN ALFONSO CAMÍN

El poeta español Alfonso Camín desarrolló gran parte de su producción en Hispanoamérica, donde publicó libros de versos y novelas, además de una biografía de Pancho Villa, que causó sensación en 1935. Su poesía afroantillana es fundamental, y en Cuba fue redactor de *El Correo Español* y *Diario de la Marina.* Camín creó revistas como *Apolo, Oriente, Tierra Asturiana,* y en 1929 fundó *Norte,* esta última en México. Era casi imprescindible que la raíz española de Camín, desde las sensibles tierras americanas, reparara en Cristóbal Colón, con cuyo nombre tituló un entusiasta soneto, rebosante de colorido, como casi toda su poesía:

> Con el ensueño convertido en velas,
> con la luz boreal que había en tu frente,
> fletaste tus heroicas carabelas.
> El corazón iba de pie en el puente.
>
> Pequeño el mundo para el sol que anhelas,

> allá vas entregado a la corriente;
> y, cuando más hacia el misterio vuelas,
> surge, como una novia, un Continente.
>
> Orgullo de la España vigorosa,
> quisiste darle un imperial tesoro
> y la visión fue realidad grandiosa.
>
> Y al borde del Atlántico sonoro,
> se abrió, lo mismo que una inmensa rosa,
> ¡un nuevo mundo de montañas de oro!

El nombre de Colón aparece con frecuencia en la obra poética de Camín, siempre en sonetos, como a su paso por Centroamérica. En "Honduras", dice: "Honduras, al llegar el Almirante,/ como una virgen desplegó el pañuelo,/ y se tendió en sus plantas delirante,/ viendo en la Cruz un medallón de cielo"; para terminar: "Y en viril conciliábulo no visto,/ siguen llenando de vigor su entraña/ Colón, Cervantes, Don Quijote y Cristo". Cuando le canta a Nicaragua, las bellas descripciones terminan con la inevitable mención dariana:

> Nombra a Rubén Darío, Nicaragua,
> capitán de la nave que empavesa,
> puerta de sol errante sobre el agua,
>
> la lira en cruz y el corazón al viento,
> a devolver a España la sorpresa
> del Almirante en el Descubrimiento.

Ya en el Caribe, la tumba dominicana de Colón se patentiza en "Santo Domingo":

> Reina elegida por Colón, tú sola
> yergues, sobre tu lírica arrogancia,
> el espíritu heroico de Numancia
> y el florón de la América española.

Después, la vibrante nota final:

Rítmicamente, mas con paso quedo,
cruza doña María de Toledo
y ante el sepulcro de Colón se inclina.

¡Que aun hoy, doncel de las hispanas reinas,
el ruiseñor de Tirso de Molina
canta en las palmas que en el mar despeinas!

Alfonso Camín recuerda a Colón hasta cuando le canta a Quevedo en versos alejandrinos, porque evoca amargamente la prisión monárquica: "El rey le hundió en grilletes, que el rey siempre mancilla,/ Colón, Cortés, Fray Luis, Cervantes. Resultado,/ que el genio siempre tuvo mordazas en Castilla". Después, en "La raza", siguen las amarguras: "hablen del Nuevo Mundo los doctores/ que le negaron a Colón camino", hasta arribar al último terceto: "En soledad y sometida al hierro,/ desde Colón y Hernán Cortés a Goya,/ la Raza, como el Cid, va hacia el destierro". Y claro que en "Descubrimiento" tiene que aparecer Colón de nuevo, aunque esta vez llamado por el nombre genovés de Colombo: "De pie sobre la nave, Colombo, un día,/ clavó en el horizonte su ojo vidente..." Con esos versos dodecasílabos de hemistiquios irregulares, heptasílabos y pentasílabos, termina dándole toda la gloria a España a través de Colón, sin importar dónde haya nacido:

Naciera el Almirante donde naciera
la bandera de España fue la bandera
que llevó como insignia de amor profundo.

La verdad no se tuerce y es una sola:
en el nombre de España descubrió un Mundo,
y mezcló con el indio sangre española.

JORGE LUIS BORGES Y JORGE ROJAS: UN MISMO TEMA EN DOS ENFOQUES

Buenos Aires estuvo presente, en muchas ocasiones, en la obra de Jorge Luis Borges. La conquista española queda velada por trazos sugerentes, reflejada en espejos opacos por el amor del poeta a su propia tierra:

Colón cantado

¿Y fue por este río de sueñera y de barro
que las proas vinieron a fundarme la patria?

Así empieza "La fundación mítica de Buenos Aires", estrofas tetrásticas con rimas asonantes cruzadas. Así quiere empezar la historia de la ciudad en los versos del poeta:

Pensando bien la cosa, supondremos que el río
era azulejo entonces como oriundo del cielo,
con su estrellita roja para marcar el sitio
en que ayunó Juan Díaz y los indios comieron.

Se refiere Borges al nacimiento de Buenos Aires según los datos a su alcance, pero llega el momento en que duda de la propia historia. Piensa que su ciudad no fue creada por los conquistadores, porque existió siempre; y, románticamente, cierra el poema con una hipérbole tallada en dos alejandrinos:

A mí se me hace cuento que empezó Buenos Aires:
la juzgo tan eterna como el agua y el aire.

En otro poema titulado "España", Borges se reconcilia con la historia, también con el tema bonaerense: "España de los conquistadores" -dice-: "España de la larga aventura/ que descifró los mares y redujo crueles imperios/ y que prosigue aquí, en Buenos Aires..." Porque para Jorge Luis Borges, España es "de la hombría de bien y de la caudalosa amistad".

Otro gran poema dedicado al Descubrimiento es la "Parábola del Nuevo Mundo", del poeta colombiano Jorge Rojas. En el nombre del Padre, del Hijo y del Espíritu Santo -poéticamente-, comienza el poeta volviendo sus "ojos a Colón, coronado de verdes lianas". Las 33 estrofas relatan toda la lucha oceánica afrontada por Cristóbal Colón, a quien llama "Santo Patrono de América", y a quien le dice:

...desde el cielo de tus navíos,

mira las jóvenes Américas aún tocadas de rocío,
danzar asidas de la mano bajo su destino solar,
como dos hermosas doncellas que penetraran en el mar.

A veces, la "hermosa manzana terrestre" -idea metafórica de singular belleza- da paso a la llegada de las tres carabelas, al conjuro de otra comparación imaginativa, ingeniosa y tocada de brío marino:

...viene Christóphoro hacia ti por medir la armoniosa curva
que ata las aguas a la arena sin más nudo que el de la
(espuma.

Versos que respiran gratitud, que exaltan la hermandad allende el mar, representan el pensamiento más noble del hombre americano ante la realidad del Descubrimiento. Y, al final, la última estrofa resume oportunamente los sentimientos del poeta. Se trata de un calco bíblico, tomado del libro de Isaías, Capítulo 58, Versículo 10:

Y dice el Señor: "Cuando abras, para el hambriento las
(entrañas
y alivies el llanto del rostro y la congoja de su ánima
habrá más luz que a tu propia sombra derrote
y será como el mediodía, esta oscuridad de la noche".

DE LUIS PALÉS MATOS A GUILLERMO RIVEROS TEJADA

Cuando floreció a principios de siglo la poesía afroantillana, de la que Luis Palés Matos fue su más elocuente y pulcro expositor, se había llegado ya a la aceptación de una sangre importada: nuevo elemento que contribuyó a otorgarle una personalidad *sui géneris* al europeo afincado en América Latina. En "Ten con ten", Palés Matos proclama la diferencia allende el mar cuando le canta a Puerto Rico. Porque del otro lado del Atlántico todo se fue transformando en una mixtura sin precedentes. Por eso el poeta le dice a su isla puertorriqueña, transformada en mujer antillana, que:

Colón cantado

> Podrías lucir, esbelta,
> sobriedad de línea clásica,
> si tu sol, a fuerza de oro,
> no madurase tus ánforas,
> dilatando sus contornos
> en amplitud de tinaja.

Y hasta el olor corporal de la nueva raza -¿podemos llamarla así?- estalla en los octosílabos de Palés con finísimo humorismo y generosa descripción metafórica:

> Pasarías ante el mundo
> por civil y ciudadana,
> si tu axila -flor de sombra-
> no difundiera en las plazas
> el rugiente cebollín
> que sofríen tus entrañas.

¿Es posible describir el sudor caribeño más poéticamente? Lo dudo, como dudo también que alguien pueda expresar la unión de dos culturas -ya aquí el indio se ha difuminado en el tiempo- con un mejor enfoque que el reluciente mensaje prendido a los ocho octosílabos arromanzados que cierran el poema de Palés:

> Y así estás mi verde antilla
> en un si es que no es de raza,
> en ten con ten de abolengo
> que te hace tan antillana...
> Al ritmo de los tambores
> tu lindo ten con ten bailas,
> una mitad española
> y otra mitad africana.

Sin embargo, el poeta boliviano contemporáneo, Guillermo Riveros Tejada, llega al tema del Descubrimiento por la vía no sólo del negro, sino también del indio, olvidado por Palés Matos. Pero la raíz africana es la que predomina en los versos de Riveros Tejada, naturalmente, como al aceptar que sin "pertenecer a tu raza/ yo llevo un negro por dentro", como dice en su "Romance de la sangre negra". Y al preguntarse si tiene o no algo de negro, se contesta:

> ...como americano llevo
> la trinidad en la sangre:
> indio, negro y europeo.

Con justicia, presente en los versos de Riveros Tejada, la esclavitud aportó un nuevo elemento cultural sin ser excluyente de los primeros moradores indígenas, realidad destinada a permanecer indeleblemente unida al hombre del Nuevo Mundo.

─── *Colón cantado* ───

> *Sin las características de Isabel y de Fernando, habría sido imposible que las tres carabelas, enarbolando los pendones de Castilla y de Aragón, cruzaran el océano, realizando una epopeya que cambió los destinos del mundo.*
>
> HORACIO AGUIRRE

CAPÍTULO VI

España y Colón en la obra de Rubén Darío

SU PALABRA FAVORITA: *ARCHIPIÉLAGO*

En 1940, Juan Ramón Jiménez escribió un breve artículo cuyo título era "Rubén Darío". El célebre poeta de Moguer reconocía entonces el arraigado españolismo en la figura patriarcal del nicaragüense. Dice Jiménez de Darío: "Su patria verdadera fue la isla de los Argonautas, de Citeres, de Colón: Su palabra favorita, *archipiélago*." Efectivamente, España estuvo siempre en la obra dariana. Y el Descubrimiento de América, con invariable gratitud. Ya desde los escasos quince años de edad, el jovencito Rubén escribía en El Salvador su poema de 187 versos, dividido en quince partes, que titulaba "La poesía castellana". Es un canto anticipado, devoción hacia la hispanidad que tendría su más alto y futuro eco en la "Salutación del optimista". Y en su libro *El chorro de la fuente*, Darío incluye el poema escrito en 1892 con versos de himno, "Mensajero sublime":

> Bajo un límpido azul, cuyo rayo
> flordelisan los astros de fuego,
> como un dios en su carro marino
> que arrastraran cuadrigas del viento;
> fue Colón, el Mesías del indio,
> que llegó al misterioso hemisferio

> a elevar el pendón de Castilla
> del gran sol en el cálido reino,
> y a llevar la palabra de Cristo
> con la insignia de brazos abiertos.

En el magnífico verso final el poeta le hace un retrato a la cruz, sin mencionarla. Pero volviendo a la "Salutación del optimista", ese gran poema aparece en el libro más español de Darío: *Cantos de vida y esperanza*. El propio poeta diría, en *Historia de mis libros,* que había "mucho hispanismo" en aquellas páginas suyas. Y lo había al dirigirse al rey Oscar de Suecia o a Cyrano en España; en la oda "A Roosevelt":

> ...la América fragante de Cristóbal Colón,
> la América católica, la América española...

y también cuando hacía "hablar a don Diego de Silva Velázquez -sigamos con las palabras del propio Darío- y a don Luis de Góngora y Argote, o loe a Cervantes, o a Goya, o escriba la *Letanía de Nuestro Señor Don Quijote"*, para exclamar de inmediato: "¡Hispania por siempre!" Mencionó Darío al rey Oscar, y es en ese poema donde brilla uno de sus versos más memorables: "... por Isabel que cree, por Cristóbal que sueña". La confianza de la reina puesta en las manos del almirante soñador, cuyo fruto fue América.

En el "Canto a la Argentina" tiene Rubén Darío un reconocimiento para España, cuando dice:

> Hombre de España poliforme,
> finos andaluces sonoros
> amantes de sambras y de toros,
> astures que entre peñascos
> aprendisteis a amar la augusta
> libertad; elásticos vascos
> como hechos de antiguas raíces,
> raza heroica, raza robusta,
> rudos brazos y altas cervices;

Colón cantado

hijos de Castilla la noble
rica en hazañas ancestrales...

Como bien dijo un áureo compatriota de Darío, Eduardo Avilés Ramírez, "hasta en el *Canto a la Argentina,* al hablar del aporte humano que España brinda a la Argentina, describe las principales provincias españolas de manera sencilla, pero patética, como pudo haberlo hecho un español de España". En toda esa zona del poema que le dedicó a la Argentina, la palabra esquemática de Darío se recreó en recordar a la patria mayor, así como al final de otra sección con su carga brillante de sustantivos en fila;

Don Nuño, Don Pedro, Don Gil,
crucifijo, cogulla, estola,
marinero, alcalde, alguacil,
tricornio, casaca y pistola
y la vieja vida española!

Colón, por su parte, está presente en Darío, como una constante, y no sólo en verso, sino también en prosa. En *El viaje a Nicaragua e Intermezzo tropical,* hay un doloroso pasaje patriótico que dice: "Oh, pobre Nicaragua, que has tenido en tu suelo a Cristóbal Colón y a Fr. Bartolomé de las Casas, y por poeta ocasional a Víctor Hugo: sigue tu rumbo de nación tropical; cultiva tu café y tu cacao y tus bananos; no olvides las palabras de Jerez: *Para realizar la unión centroamericana, vigorízate, aliéntate con el trabajo, y lucha por unirte a tus cinco hermanas".*

En su poema XX de *Cantos de vida y esperanza,* que titula "Marina", vuelve Darío a rendirle honor a Cristóbal Colón:

Velas de los Colones
y velas de los Vascos,
hostigadas por odios de ciclones
ante la hostilidad de los peñascos...

Y cuando se dirige a "Los cisnes", poema dedicado a Juan Ramón

Jiménez, les dice:

> A vosotros mi lengua no debe ser extraña.
> A Garcilaso visteis, acaso, alguna vez...
> Soy un hijo de América, soy un nieto de España...
> Quevedo pudo hablaros en verso en Aranjuez.

Fue en el Madrid de 1892, en una de las veladas que celebraban los 400 años del Descubrimiento, cuando recitó Darío su poema "A Colón". Era evidente que los gobiernos tiránicos en sus tierras americanas le amargaron la inspiración, pero también lo estimularon para que lanzara a los cuatro vientos su drenaje lírico. Porque con versos radicalmente esdrújulos, Darío gritaría toda su decepción americana:

> ¡Desgraciado Almirante! Tu pobre América,
> tu india virgen y hermosa de sangre cálida,
> la perla de tus sueños, es una histérica
> de convulsivos nervios y frente pálida.

La crítica de Darío es un duro azote contra las guerras entre hermanos: "en los campos fraternos sangre y ceniza", y llega un momento en que se desborda su admiración por los habitantes aborígenes del Nuevo Mundo, en contraposición a la actitud no ya de los colonizadores, sino de los propios pueblos independientes:

> Ellos eran soberbios, leales y francos,
> ceñidas las cabezas de raras plumas;
> ¡ojalá hubieran sido los hombres blancos
> como los Atahualpas y Moctezumas!

Reconoce el poeta la mezcla de "la raza de hierro" española "con la fuerza del indio de la montaña", y ante el turbio espejo de su América rota, en la que "Cristo va por las calles flaco y enclenque", porque la cruz traída por el Gran Almirante sufre "encanalladas revoluciones", la exclamación más terriblemente dura se hace vibrante queja en el terremoto de la novena estrofa:

─────── *Colón cantado* ───────

> ¡Pluguiera a Dios las aguas antes intactas
> no reflejaran nunca las blancas velas;
> ni vieran las estrellas estupefactas
> arribar a la orilla tus carabelas!

Pero como Colón no era el culpable de aquel devenir histórico, aunque lateralmente fue propiciado por su hazaña, el serventesio final resume aflicción y súplica, decepción y ruego:

> Duelos, espantos, guerras, fiebre constante
> en nuestra senda ha puesto la suerte triste:
> ¡Cristóforo Colombo, pobre Almirante,
> ruega a Dios por el mundo que descubriste!

VOZ DE HISPANOAMÉRICA EN EL ATENEO DE MADRID
En febrero de 1905, Rubén Darío llega a España. Convaleciente en San Esteban de Pravia, en Asturias, recibe visitas, entre ellas la de Azorín (José Martínez Ruiz), y Ramón Pérez de Ayala. Por aquellas fechas se celebraba en Madrid los 300 años de la publicación de *Don Quijote de la Mancha,* y Darío asiste en representación de su Nicaragua. Las "Letanías de nuestro señor don Quijote" habían sido escritas especialmente para aquellos actos, pero el poeta padece de una fuerte depresión, y Gregorio Martínez Sierra es quien da un paso al frente para leer el poema, en el Paraninfo de la Universidad Central. Aprovechando la presencia de Darío y del controversial escritor y poeta colombiano José María Vargas Vila, la Unión Intelectual Hispanoamericana les rinde un homenaje a ambos, con un banquete en el Ateneo de Madrid el 28 de marzo de 1905. Todos esperaban versos, y versos les regaló el poeta nicaragüense, con su "Salutación del optimista". Al final de la velada se cambiaron los papeles, porque quien recibió el mayor homenaje no fue Darío ni Vargas Vila, sino la propia España en la voz de él. He aquí aquel poema que, en su momento, después y siempre, representa la más auténtica voz de Hispanoamérica en relación con la gran patria española:

> Ínclitas razas ubérrimas, sangre de Hispania fecunda,

espíritus fraternos, luminosas almas, ¡salve!
Porque llega el momento en que habrán de cantar nuevos
(himnos
lenguas de gloria. Un vasto rumor llena los ámbitos;
mágicas hondas de vida van renaciendo de pronto;
retrocede el olvido, retrocede engañada la muerte,
se anuncia un reino nuevo, feliz sibila sueña,
y en la caja pandórica de que tantas desgracias surgieron
encontramos de súbito, talismánica, pura, riente,
cual pudiera decirla en sus versos Virgilio divino,
la divina reina de luz, ¡la celeste Esperanza!

Pálidas indolencias, desconfianzas fatales que a tumba
o a perpetuo presidio, condenasteis al noble entusiasmo,
ya veréis el salir del sol en un triunfo de liras,
mientras dos continentes, abonados de huesos gloriosos,
del Hércules antiguo la gran sombra soberbia evocando,
digan al orbe: la alta virtud resucita,
que a la hispania progenie hizo dueña de siglos.

Abominad la boca que predice desgracias eternas,
abominad los ojos que ven sólo zodiacos funestos,
abominad las manos que apedrean las ruinas ilustres
o que la tea empuñan o la daga suicida.
Siéntense sordos ímpetus en las entrañas del mundo,
la inminencia de algo fatal hoy conmueve la tierra;
fuertes colosos caen, se desbandan bicéfalas águilas,
y algo se inicia como vasto social cataclismo
sobre la faz del orbe. ¿Quién dirá que las savias dormidas
no despierten entonces en el tronco del roble gigante
bajo el cual se exprimió la ubre de la loba romana?
¿Quién será el pusilánime que al vigor español niegue
(músculos
y que al alma española juzgase áptera y ciega y tullida?
No es Babilonia ni Nínive enterrada en olvido y en polvo
ni entre momias y piedras, reina que habita el sepulcro,
la nación generosa, coronada de orgullo inmarchito,
que hacia el lado del alba fija las miradas ansiosas,
ni la que, tras los mares en que yace sepulta la Atlántida,

tiene su coro de vástagos, altos, robustos y fuertes.

Únanse, brillen, secúndense, tantos vigores dispersos;
formen todos un solo haz de energía ecuménica.
Sangre de Hispania fecunda, sólidas, ínclitas razas,
muestren los dones pretéritos que fueron antaño su triunfo.
Vuelva el antiguo entusiasmo, vuelva el espíritu ardiente
que regará lenguas de fuego en esa epifanía.
Juntas las testas ancianas ceñidas de líricos lauros
y las cabezas jóvenes que la alta Minerva decora,
así los manes heroicos de los primitivos abuelos,
de los egregios padres que abrieron el surco pristino,
sientan los soplos agrarios de primaverales retornos
y el rumor de espigas que inició la labor triptolémica.

Un continente y otro renovando las viejas prosapias,
en espíritu unidos, en espíritu y ansias y lengua,
ven llegar el momento en que habrán de cantar nuevos
                                                                              (himnos.
La latina estirpe verá la gran alba futura:
en un trueno de música gloriosa, millones de labios
saludarán la espléndida luz que vendrá del Oriente,
Oriente augusto, en donde todo lo cambia y renueva
la eternidad de Dios, la actividad infinita.
Y así sea Esperanza la visión permanente en nosotros,
¡ínclitas razas ubérrimas, sangre de Hispania fecunda!

Toda la devoción española de Darío quedó resumida solemnemente en su "Salutación del optimista". Su entrada vigorosa y su salida triunfal de aquella gran sinfonía de conceptos es un verso hexadecasílabo polirrítmico, si se tiene en cuenta que son dos hemistiquios octosilábicos. Pero desde un punto de vista acentual, es nada menos que un hexámetro: "Ínclitas razas ubérrimas, sangre de Hispania fecunda". Otros tres hexámetros hay en el poema, el verso 37: "tiene su coro de vástagos, altos, robustos y fuertes"; el 38: "Únanse, brillen, secúndense, tantos vigores dispersos"; y el 44: "Juntas las testas ancianas ceñidas de líricos lauros." Sin embargo, más que la intención estructural del poema, vale destacar su valor panegírico, no a una persona, sino a todo un país. Tras la separación de Cuba en 1902, último país en independizarse de la corona, parecía que España iba a quedar relegada a su retaguardia europea. Pero no era así, porque la conquista había sido una transformación. Las raíces españolas habían prendido allende el mar, y los frutos conservarían mucho de su savia. Y Darío lo reconocía con una interrogación: "¿Quién será el pusilánime que al vigor español niegue músculos/ y que al alma española juzgase áptera y ciega y tullida?" Y vibran las palabras de aliento:

> Un continente y otro renovando las viejas prosapias,
> en espíritu unidos, en espíritu y ansias y lengua,
> ven llegar el momento en que habrán de cantar nuevos
> (himnos.

La "Salutación" dariana marca todo un siglo. Y lo más admirable es que, sin ajustarse a una métrica definida, sus reiterados golpes rítmicos, con su potente orquestación verbal, le rindió honor a España como ningún poema, de ningún americano, lo había hecho anteriormente.

———————— *Colón cantado* ————————

> *Y aquí está, en la tierra de sus amores, por siempre y para siempre quien, domando el mar a su antojo, engarzó el sol, como un topacio de fuego, en la brillante corona de la gloria para brindársela a España en la clara mañana del 12 de octubre de 1492.*
> MARIANO LEBRÓN SAVIÑÓN

CAPÍTULO VII

Tierra caribeña descubridora del Descubridor

VARIOS POETAS CUBANOS ACTUALES

El poeta Luis Ángel Casas, que fue Secretario Perpetuo de la Academia Cubana de la Lengua, escribió cinco sonetos que tituló "El idioma español en Norteamérica". Y el idioma español recibe los mayores elogios mientras a Estados Unidos llega la gratitud del exiliado político. Bien por el hombre y bien por el poeta, que si el primero se crece en el sentimiento noble de la gratitud, el segundo se eleva con el lirismo musical y llegadero de setenta endecasílabos: los "setenta balcones" de Baldomero Fernández Moreno, pero llenos de flores. He aquí el tercero de esos sonetos con su evocación del Descubrimiento:

> Nos seguirá hasta allá la estrella pura,
> y más allá también la estrella hermosa:
> la que rompe la cárcel de la prosa;
> la que la espina en rosa transfigura.
>
> Y al mirar otra vez hacia la altura,
> la veremos allí, como una cosa
> que se puede alcanzar: tan misteriosa
> como tan clara en su perfecta hechura.

Al cosmos viajará Colón mañana
con la Bandera Norteamericana
y la lengua española a toda vela,

y su nave será la misma nave
que ayer fue pez lo mismo que hoy es ave,
y que nadó lo mismo que ahora vuela.

Un poeta cubano fallecido en Los Ángeles el 13 de abril de 1976, Enrique Cazade, le cantó a Cristóbal Colón en tono romántico, desde su dolor de hombre sin patria:

Cristóforo Colombo, ¡cuántas serán tus penas!
Tantas zozobras, ¡tantas!, para hacer ese viaje,
y hallar un Continente para sufrir cadenas,
y descubrir un Mundo para que se te ultraje.

Al cumplirse los quinientos años, el 12 de octubre de 1992, Arístides Sosa de Quesada se preguntaba si "¿fue América libre de veras?", tras hacer un breve repaso a las luchas independentistas del Siglo XIX. Pero el poeta adivina la realidad, mucho más simple que los sueños de los libertadores:

Se dice que debe ser una.
América es múltiple y varia
con sus diferencias
y sus semejanzas.

Darío Espina Pérez utiliza el verso didascálico para relatar la epopeya en su poema en tres partes "Nuevo Mundo". Así se desarrolla el primer viaje de Colón, con todos sus percances, en sólo seis estrofas alejandrinas, que terminan cuando estalla "una palabra mágica, la marca de una Era./ ¡Tierra! ¡Tierra! Tan solo. ¡Y el instante bendito!" Sigue un soneto de loor a la conquista, para acabar con una octava real cuyo pareado final no lleva intenciones ocultas:

Debemos recordar la gran hazaña

Colón cantado

aplaudiendo y gritando: ¡Viva España!

Amaro Jiménez, por su parte, hace un breve retrato del Descubrimiento de América, en la síntesis de un soneto que él titula "El encuentro", que se desarrolla en Las Antillas, donde "cesa la intrépida aventura..."

>...y surge para siempre, por sorpresa,
>un mundo de ignoradas maravillas.

Rafael Fernández-Dalmás también escribe versos que titula "El Descubrimiento", con el tino de usar la cuaderna vía, tetrástico monorrimo tan identificado con las letras españolas, presente desde el Siglo XIII en Gonzalo de Berceo, el más antiguo poeta castellano identificable. Fernández-Dalmás es optimista en su opinión de que Colón propició lo que él llama "un milagro: pueblos sin rencores", y ya con esa tónica termina encomiásticamente, en una evocación sobre el reinado de Carlos V:

>...y como el misterio de un gran girasol,
>en aquel paraje no se puso el sol.

Poetas desterrados cubanos han estado presentes en los 500 años del Descubrimiento, y con justicia, que es lo más valioso. Oscar Pérez Moro, por ejemplo, en su "Canto a Colón, Descubridor de América", hace notar la diferencia entre lo bueno y lo malo de España -que "en todas partes se cuecen habas"-, para recordar lo primero y olvidar lo segundo:

>Para hablar de la España que vigila
>la historia incomparable de Colón,
>yo no recuerdo a Weyler ni a Tacón,
>sino a Bartolomé y a Capdevila.

El padre Bartolomé de las Casas y Federico Capdevila: Defensor de los indios uno y de los ocho estudiantes de Medicina, fusilados el 27 de noviembre de 1871, el otro. Poética manera de no ver las manchas en el Sol, sino su luz, como recomendaba José Martí.

El hombre sensible a la versificación que se oculta detrás del actor y humorista que es Rosendo Rosell, también sorprende a veces, y su soneto "Colón de los mares" es un ejemplo de ello. Como Pérez Moro, Rosell soslaya las manchas, que siempre son menos que la claridad solar, y le pide a Colón que perdone a los que ofenden su memoria "empañando este Quinto Centenario". Porque aunque la proeza del Gran Almirante "a los pigmeos despertó complejos..."

>...el graznido del cuervo no hace mella,
> ni mancha a pura chispa que destella,
> porque tus carabelas viajan lejos...

Raúl Tápanes Estrella, escritor y periodista radial, concentra en una décima el principio y el final del sueño de Colón:

> Está cuajada en la historia,
> con su estirpe de almirante,
> la figura impresionante
> de Colón, símbolo y gloria.
> Fue una señal de victoria
> la que brotó de sus manos;
> realizó sueños lejanos
> dignos de la gran hazaña,
> con tanto amor hacia España
> como a los reyes cristianos.

Nieves del Rosario Márquez Vda. de Rubio también le dedica interesantes páginas a Colón en su largo poema "El parto de la flecha y las estelas". Conoce fauna y flora al dedillo, y con una métrica desenfadada detrás de la que asoman claros golpes prosódicos, la poetisa cubana sale en defensa de los dos mundos que, con diversos "partos", se encontraban en 1492. Para comprenderla, basta el siguiente fragmento:

> Eran hombres, no dioses
> el hombre de maíz y el hombre hispano.

Colón cantado

Eran mundos ya viejos
los que estrenaron la aurora del encuentro
y confluyeron con Dios como testigo
en el valle del tiempo;
sedimentando estratos de la historia,
costumbres, razones y leyendas
de los hombres nativos,
mezclados con el polen
y el germen de culturas llevados en la flecha,
para fertilizar las nuevas eras:
las de las crónicas y las de la tierra.
Para abonar la raíz de la naciente y férvida conciencia,
española e indígena
hasta las honduras de la médula.

AGUSTÍN ACOSTA: COLÓN EN LA MITOLOGÍA Y LA HISTORIA
El Poeta Nacional de Cuba, Agustín Acosta, recuerda a Colón en su poema de título y contenido mitológico "Eolo", dios de los vientos, desencadenador de tempestades:

Fue así como en momento feliz para la Historia,
rector de los océanos, en loca trayectoria,
lanzó con fuerza heroica desconocidas velas
hacia el hallazgo insólito de las Tres Carabelas.
Honra tu estirpe, Eolo, aquel descubrimiento.
Nunca fue más enérgica la voluntad del viento,
que cuando a su mesnada estúpida y colérica
Colón le echó a los ojos las costas de la América.

También, al cantar "Exequias del Maine", acorazado que estalló en las costas de La Habana provocando la guerra hispano-estadounidense, Agustín Acosta dice en la primera estrofa:

Proras conquistadoras de las tres carabelas,
que en los mares indianos grabasteis las estelas
milagrosas y eternas de vuestro curso un día...;
naves que por las fábulas de la Mitología
vais como en una fiebre de peregrinación;
Jasón, Vasco de Gama y Cristóbal Colón...

Para llegar a un final de reproche y gratitud marina:

> En las tres carabelas vino la esclavitud.
> En el seno del Maine vino la libertad.
> ¡Gracias, oh mar!, usaste de tu doble virtud,
> para que no olvidemos tu eterna potestad.

Pero donde Agustín Acosta se recrea en su filiación justiciera es en el soneto "El Templete", dedicado al pequeño templo habanero donde se afirma que fue celebrada la misa primera:

> Oro solar la paz del viejo templo dora;
> hoscas sombras de antaño invaden la cornisa,
> y evócase en el tedio fastuoso de la hora
> la sencillez remota de la primera misa.
>
> Aquí se alzó gallarda la *seiba* primitiva,
> que esta columna histórica simboliza y reemplaza...
> Bajo el ramaje próvido la heroica comitiva
> plantó los trasatlánticos pendones de la raza.
>
> Esto tiene una antigua grandeza de aventura:
> cuenta de locos éxodos, de oceánica locura,
> de carabelas frágiles y de un viejo león...
>
> Y a través de las olas nos llega sobre el viento,
> eterno e implacable como un remordimiento,
> el ruido de la injusta cadena de Colón...

PREMIOS DE LAS *EDICIONES EL PAISAJE*

Uno de los tantos concursos poéticos realizados para honrar el aniversario de los 500 años del Descubrimiento de América fue el de las *Ediciones el Paisaje,* que preside en Vizcaya el poeta y escritor Agustín García Alonso. El primer premio lo ganó Francisco Henríquez, poeta exiliado desde 1962 y residente en Miami desde 1979. Haciéndose eco de ese premio, la revista de arte y literatura que dirige en San Francisco, California, el escritor salvadoreño José Bernardo Pacheco, le dedicó a Henríquez su

Colón cantado

sexto número de 1993. *La hazaña de la épica conquista desde las playas de los hechos vista* es el título de los sesenta sonetos que Henríquez presentó al concurso español, ya publicados en un pequeño libro. Desde que "aquellos domadores de los mares/ salieron con un sueño desde España", hasta el último endecasílabo, el poeta recorre las peripecias del viaje que cambiaría la concepción geográfica del mundo. Pero en estos sonetos de Henríquez, además de los viajes de Colón, hay pasajes también de los colonizadores. Olvidaba decir que el trabajo tiene un subtítulo: *La Conquista de América,* lo que justifica esa segunda parte del devenir histórico. Entonces, el poeta no se anda con eufemismos y se esmera en relatar hechos crueles, como la muerte entre las llamas del cacique Hatuey y la defensa de los indios por parte del padre Bartolomé de las Casas. La esclavitud cruza someramente por los versos de Henríquez, y se refiere más a la fundición de dos razas que a los sufrimientos de los negros. En dos tercetos queda resumida la parte menos trágica de una etapa que sobrecoge por su impiedad:

> (Al entrar una raza en la otra raza,
> la sangre del más fuerte se adelgaza
> y entonces la epidermis se refina).
>
> Por eso lo mestizo no es foráneo,
> sino romanticismo extemporáneo
> de un acto de ternura repentina.

Y ya, al llegar al soneto número 56, el lirismo se convierte en gratitud, porque España no sólo nos legó el idioma y la sensibilidad, sino también el impulso de los bienes materiales con los que la vida se hace más digna:

> Ya no quedan ni sombras ni rivales:
> pero quedan palacios y avenidas
> de suntuosas ciudades construidas
> con rasgos de recuerdos coloniales.

Queda la magia de las catedrales
por voces españolas bendecidas,
y pequeñas parroquias concebidas
para los pobres de los arrabales.

Queda el romance de los malecones,
las marcas que dejaron los galeones
que venían con ansias de fortuna...

Y quedan los paseos y glorietas
en donde recitaban los poetas
bajo el áureo reflejo de la luna.

Otro poeta cubano desterrado, Pedro Díaz-Landa, le dedicó también sesenta sonetos al tema del Descubrimiento, tercer premio de *Ediciones El Paisaje*, que tituló con un verso endecasílabo: *En el telar del viento y de las olas.* Como los de Francisco Henríquez, son sonetos endecasilábicos de corte netamente clásico, pero la historia que relatan comienza antes, exactamente en el nacimiento de Cristóbal Colón, más o menos en 1451. La juventud de Colón y el mar hacen un todo unificado que anticipa la gran aventura. Intuición, augurio, presagio... ¡quién sabe!, pero ya colgaba simbólicamente del pecho del futuro almirante la medalla del héroe:

Todo el Mediterráneo lo domina
y la costa africana hasta La Mina...
Va a Islandia, a las Azores, a Inglaterra...

¡Y cuando queda frente al mar, a solas,
palpa su corazón, sobre las olas,
la redondez oculta de la Tierra!

Pasa Colón por La Rábida en 1485 y más tarde en 1492, año del Descubrimiento. Viene el fructífero encuentro con Isabel la Católica y la salida de Palos de Moguer el viernes 3 de agosto. Nueve días después, el percance y la reparación de una de las tres

Colón cantado

naves en Canarias, mientras "América lo espera... ¡todavía/ a setecientas millas de distancia!" Díaz-Landa acude a veces al *flash-back,* cuando al dibujar en sus versos a "La Niña" (en la que Colón regresó a España del primer viaje), "La Pinta" y la "Santa María", se anticipa a pasajes históricos posteriores. En tres sonetos describe al Caribe, América y América española, y en deliberado reto a la cronología, en los catorce versos siguientes llega el momento crucial cuando "grita Rodrigo de Triana: ¡Tierra!" El segundo viaje de Colón, al frente de 17 navíos, comienza el 25 de septiembre de 1493 "con mil y pico de hombres, incesante/ en el trajín de la marinería". Y comienzan también las intrigas, que en el tercer viaje del 30 de mayo de 1498 devuelve a Colón a España encadenado por el juez de la corte Francisco de Bobadilla. El cuarto y último viaje de Colón al Nuevo Mundo, el 9 de mayo de 1502, lo hace enfermo y, en medio de una tormenta, el fraile Nicolás de Ovando, administrador colonial, le niega el puerto. Y Díaz-Landa lo relata todo poéticamente, que es lo difícil. El poeta les dedica ocho sonetos al sufrimiento de los indios y a las luchas que libró por ellos fray Bartolomé de las Casas, por quien su admiración se patentiza en los dos tercetos del soneto 46:

> Pasan los siglos, pero tú no pasas...
> ¡En América estás, Padre Las Casas,
> con tu breviario y con tu crucifijo!
>
> ¡Y en América tienes todavía,
> por india sangre o blanca simpatía
> en cada iberoamericano un hijo!

Curioso verso final ese, acentuado en segunda y octava sílabas, que quiebra sin gran dolor el esperado toque musical de la sílaba cuarta o la sexta, aunque en la recitación se puede reforzar el acento: "en cada ibéroamericano un hijo". Pero lo cierto es que pocos datos históricos deja escapar Díaz-Landa en estos sonetos, como la muerte de la reina Isabel y la del propio Colón, en "El adiós" que cierra la obra. Sin embargo, como simple preferencia, yo trasladaría el soneto 58 hacia el final. ¿Su título? "Reconciliación". Y aunque, lamentablemente, no todo es como se pinta en esos versos, al hombre de conciencia le gustaría que correspondiera a una realidad:

> Mas tuvo al fin la reflexión su hora
> y abrazos hay donde hubo ayer cadenas...
> Y sangre hispana por las indias venas
> lava la sangre derramada otrora.
>
> Se hizo beso la flecha vengadora
> y la espada, guirnalda de azucenas...
> Y a Hatuey y a Yara, sobre las arenas,
> Velázquez da su mano bienhechora.
>
> Y aunque hay malos que odian... ni un reproche
> hay en tus hijos buenos. La hosca noche
> se disipó en las olas y en el viento.
>
> ¡Y en un brindis de flechas y de espadas
> hoy España y América abrazadas
> cantan las glorias del Descubrimiento!

BREVE DIGRESIÓN FUERA DEL CARIBE

Además de los cubanos Pedro Díaz-Landa y Francisco Henríquez, otros dos autores fueron premiados por *El Paisaje:*. Primero, Déborah Elíaz, escritora y periodista argentina-israelí radicada en Tel Aviv, ganó el segundo premio con cincuenta sonetos titulados *Presupuesto para el viaje a las Indias,* en métrica poco usual. Efectivamente, sus versos son hexadecasílabos polirrítmicos, como define Tomás Navarro Tomás los versos de dieciséis sílabas de dos hemistiquios octosilábicos: "Se quedó la orilla lejos; remontó un ave su vuelo".

Los sonetos de Déborah Elíaz son descriptivos y por su ausencia de imágenes recuerdan las novelas campoamorinas en prosa métrica y rimada. Va un ejemplo del encuentro del conquistador con el cacique indio, y la reacción de éste último que no sabe qué pensar ante el inesperado visitante:

> Decidiendo si esos seres hombres son, raza de gente,
> juicio hará la buena fe, la cultura de la espada.
> El cacique los invita y en su muy sabia mirada
> duda brilla: ¿Será que, esta especie es diferente?

La coma en el último verso es ortográficamente innecesaria, pero posiblemente la autora acude a ella al percatarse de que si no se hace una breve pausa en la cesura de ese verso compuesto se pierde la cadencia de los dos hemistiquios.

Correspondió al español José Burgos Serrano el cuarto premio, con cincuenta y una composiciones en la forma tipográfica del soneto, pero casi completamente amétricas. Relata, eso sí, "Lo positivo del Descubrimiento", como reza el título.

MILAGRO PUERTORRIQUEÑO ANTE EL DESCUBRIMIENTO

Hay que hacer hincapié en el entusiasmo de la poesía puertorriqueña en cuanto al tema de Colón y el Descubrimiento. Así tropezamos con un soneto alejandrino de Enrique Ramírez Brau titulado "Cristóbal Colón", con la peculiaridad hiperbólica de buscar un símil con el nacimiento del Redentor del Mundo:

> Pensativo en el puente de su nao capitana
> por una nueva ruta el rumbo dirigía,
> y la quilla el embate de las olas rompía
> estrechando el camino de una playa lejana.
>
> -"Más allá está la tierra misteriosa y arcana"-
> el marino a su gente con fe ciega decía;
> iba un mundo en el vientre de la Santa María
> y otro mundo de gloria en la médula hispana.
>
> Con la Niña y la Pinta cual los Magos de Oriente
> las tres naves surcaban el desierto oceano
> y en el cielo una estrella las guiaba a Occidente.

> En la inmensa epopeya de valor sobrehumano
> "Tierra", grita Triana, y Colón ve al Poniente
> el Belén de otro mundo para el género humano.

El poeta José Espada Rodríguez declamó su poema "Canto a los argonautas" en el salón social del club "Fraternal Regeneración", en Nueva York, en una de las celebraciones del Día de la Raza. Es una relato más del primer viaje de Colón con delicados momentos en medio de la gran aventura:

> Los hermanos Pinzón, raza de marineros,
> Rodrigo de Triana -lobo de mar-, resuelto
> a enfrentar los embates de los cinco oceanos
> y batirse con ellos.
> Y alentando sus bríos va Cristóbal Colón,
> su cabeza nimbada de destinos azules y sus ojos de sueños.

Viene la revuelta en pleno viaje, Colón es acusado de loco, pero al fin triunfa su visión marinera y, al conjuro del grito "¡Tierra!", reaccionan todos humildemente:

> ¡Perdón! ¡Perdón!, decían,
> inclinando las frentes hasta tocar el suelo.
> Cristóbal Colón,
> los abrazó sereno.
> -La obra es de todos- dijo
> y elevando sus ojos, agradecido, al cielo,
> se puso de rodillas
> y rezó el Padre Nuestro.

Luis Antonio Miranda escribió también un "Canto al Descubrimiento", que sigue el mismo casi común patrón del relato, esta vez en versos alejandrinos que llegan a un final de gloria presentida y esperada:

> Y ante la maravilla del panorama único
> en un éxtasis hondo y dulce se sumió...

Colón cantado

> Jamás los siglos vieron más luminosa escena...
> Vestido de escarlata el Gran Descubridor,
> en la mano llevaba el pendón de Castilla
> cuando el suelo de América el primero pisó.
> Se arrodilló en la playa de oro limpio, la tierra
> virgen del Nuevo Mundo, con humildad besó...
> ¡Maravilloso y fuerte despertar de tu sueño,
> oh, altísimo Almirante Don Cristóbal Colón...!

Arturo Gómez Costa, nacido en 1895, escribe "Descubrimiento (1493)", y se refiere específicamente al segundo viaje de Colón, donde según el poeta todo es felicidad, haciendo uso ocasionalmente de la epanáfora:

> Aman los cielos. Aman los peces.
> Aman las olas y los alcatraces.
> Ama el sagazo. Ama la espuma.
> Ama la espada que vence a la muerte.
> Ama la heroica bandera de España.

Después; "En la alborada audaz del Nuevo Mundo/ Indios Caribes a Colón puntúan", sugerencia acaso de que Colón "ganaba puntos" en su segundo encuentro con los indígenas.

Un poema dedicado al poeta español Francisco Villaespesa, "La nueva conquista", fue escrito por José S. Alegría, con versos dodecasílabos compuestos por dos hemistiquios heptasilábicos:

> Amamos contigo las glorias de España;
> como tú sentimos su gran aflicción.
> Y a orgullo tenemos la gloriosa hazaña
> que realizó enantes Cristóbal Colón.

Graciary Miranda Archilla se inspira en más de una ocasión en el tema de la conquista, como en el poema dedicado a Ponce de León: "Don Juan de España", aquel marino a quien

Sevilla la encantada lo vio zarpar un día,
lo vio partir un día rumbo a la Eternidad.
Tres naves pilotaba su genial alegría,
tres naves lo empujaban hacia la claridad
de América, la tierra de Cristóbal Colón,
aquella que ha tomado forma de corazón.
Y fue león de América Juan Ponce de León.
Y fue león de América quien cisne azul naciera,
cisne por el plumaje, cisne por la canción,
y león por la fogata de sus ojos de fiera.

Pero también Miranda y Archilla escribió el "Canto a la lengua castellana", que conquistara el Primer Premio de Honor en el Certamen Literario del Ateneo Ibero-Americano de Buenos Aires, Argentina. Son versos en los que predomina la belleza pictórica que toman de la mano una gratitud inmensa por el regalo del idioma. A veces surge la hipérbole, tan común en la poesía romántica cuando se excita el poeta. Entresaco varias de las estrofas más sensibles acordes con el tema:

Hablar de aquellos Reyes Católicos que un día
para Colón pidieron la llave de los mares,
y Dios, desde la proa de la Santa María
volcó sobre las aguas un cesto de azahares.

***

No fue el descubrimiento de la América fuerte
lo que trajo más gloria, señeros capitanes;
ni el combatir ardiente cerrado con la Muerte,
ni el haber encendido con oro los volcanes;

Detrás de los corceles que mascan epopeyas,
detrás del monumento de los Andes altivos,
fulguran de la Lengua las rútilas estrellas,
como una caravana de puntos suspensivos...

Colón cantado

***

Pasión del romancero, puñal y pandereta;
pecados capitales: don Juan con golas finas,
Calderón de la Barca tras la Vida coqueta,
y Bécquer, un puñado de oscuras golondrinas...

***

¡Bolívar! ¡Don Quijote Bolívar galopando!
San Martín con el puño de sol en una fragua;
las Españas ardiendo y a gloria repicando;
Rubén, con la garganta de Dios en Nicaragua...

***

Sagrada Lengua hispana, Lengua de Dios, ungida
por la cruz y los clavos y el Cristo que se inflama;
¡madre nuestra que estás...! Se arrodilla la Vida
y con salto de tigre saluda el Tequendama...

"Iberia mater" es otro gran poema que viene también de otro gran poeta, Evaristo Ribera Chevremont. Tiene que haber sido escrito bajo los efectos de una emoción intensa, porque durante el largo trayecto de sus 219 versos mantiene la rigidez de la palabra exaltada. Así comienza:

> En las naos audaces que Colón dirigía
> desnudo como el pecho de la marinería
> que a sol y mar y viento daba la faz huraña
> venía hecho de rosas el corazón de España.

Así prosigue:

> Las naves avanzaban hacia lo misterioso:
> ¡cada nave era un mundo, cada hombre un coloso!
> En una de las naves un dios, melena en viento,

bañándose en guarismos, se hacía pensamiento.

***

¡Armas de la Conquista, de fábrica española
el alma con el músculo, que es Eibar con Toledo!
¡El grito de Santiago se mezcla con el Credo,
y es cruz y espada el signo de Ignacio de Loyola!

Y así termina:

Es en tu idioma, España, que tejo mi saludo:
¡la fe que hay en mi brazo sostiene aún el escudo...!
Otra fe y otro idioma no queremos, España;
¡la lengua de Castilla sembró el grano cristiano
tan hondo, tan al fondo de la fecunda entraña,
que Jesús nos parece de origen castellano!
España, tú lo sabes por qué te canto así;
en la Cruz y en la espada, que son dos fuerzas tuyas.
¡En la Cruz y en la espada brilla el viejo rubí
de tu sangre, que anima mis nuevas aleluyas...!

LUIS LLORÉNS TORRES Y LOS
INFORTUNADOS AVIADORES CUBANOS

En más de una ocasión, Luis Lloréns Torres se refirió al Descubrimiento, lo que equivalía a poner un tema de tal envergadura a la altura de una de las primeras voces poéticas de Puerto Rico. A "Don Juan Ponce de León", por ejemplo, lo llama "donjuán goloso e insaciable" que:

...con Cristóbal Colón vino a Las Indias,
sojuzgó tierras, y fundó a San Juan.

Menciona las proezas históricas sin olvidar el paso por los futuros Estados Unidos de América:

¡La florida Florida: Norte América!

Colón cantado

> ¡Fuente de juventud! ¡Milagro real
> la florida Florida que a Juan Ponce
> lo ha hecho, más que joven, inmortal!

Al final, el poeta pone las hazañas de Ponce de León por encima de Goethe, Tirso de Molina y Cervantes, al decir que:

> ...nuestro glorioso abuelo y capitán
> fue el primer Don Quijote de la historia
> y el primer Fausto y el primer Don Juan.

En otro poema muy sentido sobre el tema del Descubrimiento, "Velas épicas", Lloréns Torres se refiere a un tema en el que, posiblemente, no ha reparado ningún otro poeta: Los hombres que dejó Colón en La Española, cuando al naufragar la Santa María, no pudieron regresar con él a España, y perecieron a manos de los indios. Como es sabido, con los restos de la nave Colón construyó el *Fuerte de la Navidad*, llamado así porque la embarcación se había hundido el 24 de diciembre de 1492. Treinta y seis hombres -otra versión dice que 51- quedaron al mando de Diego de Arana, según Lloréns Torres, "solos en la salvaje inmensidad de América, mientras Colón y los otros regresaron a España a anunciar el Descubrimiento". Y el poeta puertorriqueño se solidariza con el sacrificio de aquellos infelices abandonados a su suerte:

> ¡Héroes de la Navidad: de vosotros la historia no habla;
> pero el poeta, para vosotros, canta!

Luis Lloréns Torres escribió otro poema en diciembre de 1937, que tituló "Aviadores cubanos". La pieza es breve, y se refiere al infausto vuelo realizado por siete cubanos, que serviría como propaganda para la construcción del *Faro a Colón*, recientemente inaugurado en Santo Domingo, gracias al coraje de un ciego con visión de futuro: el poeta presidente de República Dominicana, Joaquín Balaguer. El vuelo terminó en tragedia, porque el avión se estrelló en Cali, Colombia, y murieron los pilotos Antonio

Menéndez Peláez, Teniente de navío; Alfredo Jiménez Alum, aviador, capitán del Ejército; Feliciano Risech Amat, Alférez de Fragata; los oficiales mecánicos Roberto Medina y Manuel Naranjo, de la Marina y Pedro Castillo, del Ejército; y el periodista Ruy de Lugoviña. Los nobles versos de Luis Lloréns Torres dicen así:

> La Santa María, la Niña y la Pinta,
> hace cuatro siglos rompieron el agua
> tras la lucecilla de San Salvador.
> La Santa María, la Niña y la Pinta,
> ahora con alas rompieron el aire
> tras la luz del nuevo Faro de Colón.
> Las tres naves, rotas ayer en el agua,
> las tres naves, rotas en el aire hoy,
> las tres han sabido decir que a la América
> -al Sur al latino y al Norte al sajón-,
> a toda la América, de mares a mares,
> la manda el hidalgo manchego español.

Pero Luis Lloréns Torres sentía especial atracción por el tema, como lo demuestra otro poema suyo, "Canción de las Antillas", escrita en versificación acentual que de inmediato recuerda el Nocturno Mayor de José Asunción Silva. Hablan las islas y dicen:

> ¡Somos viejas! O fragmentos de la Atlante
> de Platón,
> o las crestas de madrépora gigante
> o tal vez las hijas somos de un ciclón.
> ¡Viejas, viejas!, presenciamos la epopeya resonante
> de Colón.

El poeta exalta, con orgullo sin frenos y en primera persona, la grandeza de las islas. "¡Somos grandes!", repite incesantemente, y termina una de las estrofas con una evocación de la bandera cubana:

> Y aun más grandes, porque fueron

nuestros bosques los que huyeron,
conmovidos,
en el mundo de Colón,
los primeros y los últimos rugidos
del ibérico León.
Y aun más grandes, porque somos: en las playas de
(Quisqueya,
la epopeya
de Pinzón, la leyenda áurea del pasado refulgente;
en los cármenes de Cuba,
la epopeya de la sangre, la leyenda del presente
de la estrella en campo rojo sobre franjas de zafir,
y en los valles de Borinquen,
la epopeya del trabajo omnipotente,
la leyenda sin color del porvenir.

JOAQUÍN BALAGUER, REPÚBLICA DOMINICANA Y CRISTÓBAL COLÓN

Fue un poeta puertorriqueño, Luis Lloréns Torres, quien se refirió líricamente, por primera vez, al tema del *Faro a Colón*. Fue un poeta dominicano, Joaquín Balaguer, quien hizo realidad el monumento al soñador almirante del Nuevo Mundo. Fue en Cuba donde se erigió la primera estatua de Cristóbal Colón en América, en 1862. No hay duda de que el Caribe ha respondido con gratitud a la imprevista visita de las tres carabelas hace quinientos años. Pero hay otro monumento escrito del Presidente de República Dominicana: *Colón, precursor literario*. Publicado por primera vez en 1958, es uno de los estudios más certeros y profundos que se han hecho sobre Colón como escritor. Todo, en este libro, demuestra cómo impresiona a Balaguer lo que antes impresionó a Colón. Durante el tercer viaje del Descubridor, cuando por primera vez visita la isla de Trinidad, llega a pensar que el paraíso terrenal había existido en aquel lugar. Así fue de fulgurante la grandeza del trópico a los ojos de Colón, y de esa manera es un precursor que describe la naturaleza virgen, algo que harían tres siglos después los primeros románticos franceses ante la belleza abrupta de las selvas de América. Porque Colón, henchido de fervor cristiano, insaciable lector de la Biblia, describe lo que Balaguer llama "geografía mística" en unas páginas que son pura descripción emotiva. Repara Balaguer en que los escritos del Descubridor fueron reunidos, al fin, en la *Colección de los viajes y descubrimientos que hicieron por mar los españoles desde fines del Siglo XV,* de Martín Fernández de Navarrete, publicada en 1825, cuando "ya se había iniciado la tendencia a convertir la naturaleza en una fuente de inspiración para el arte literario". Y que, desde antes de esa publicación, Rousseau había escrito su novela pedagógica *Emilio,* que es una exaltación a los instintos vírgenes que brotan del hombre al sencillo contacto con el ambiente natural. Y cita Balaguer a Buffon y sus *Épocas de la Naturaleza,* y el *Pablo y Virginia de Saint-Pierre,* "cuadro de la vida idílica en una isla llena de palmeras situadas en el mundo de los trópicos"; y también cita a Forster en Alemania, y Playfair en Inglaterra, que habían viajado con la magia de la pluma hacia remotos parajes. Indagador en grado sumo, Balaguer explora, hurga, desmenuza a escritores posteriores a don Cristóbal, y acaba descubriendo al Descubridor como un literato influyente en las letras de su época y del futuro. Acaso lo más interesante es que su influencia tocó también, inclusive, nada menos que a Víctor Hugo en la segunda edición de *Bug Jargal* publicada en 1826. Ese libro relata la historia de los esclavos de Santo Domingo y su rebelión en 1791. Hugo describe la flora y Balaguer confronta ese texto con las partes del *Diario* de Colón que se refieren a la vegetación antillana. Y llama la atención de Balaguer, con suspicacia totalmente justificada, que en la edición segunda del *Bug Jargal,* seis años después de la primera, o sea, en 1826, cuando Hugo amplía sus impresiones sobre la belleza tropical, "hace referencias concretas al paisaje y una impresión más real y más vívida de la naturaleza del trópico". Queda expuesta, de forma inequívoca, la deuda del autor de *Los Miserables* con Cristóbal Colón, cuyos escritos habían sido divulgados un año antes, con visibles puntos coincidentes en ambas obras. Además, no se trata sólo de similitudes descriptivas, sino de temas, con lo que fácilmente se deduce que tantas "coincidencias" no lo son realmente...

Colón cantado

Sin embargo, Joaquín Balaguer, poeta, reflejaría inevitablemente el tema del Descubrimiento en sus versos. Las menciones a Colón en la poesía de Balaguer son frecuentes. A veces, de forma lateral, como cuando alude a las joyas que la reina Isabel la Católica vendió para propiciar el viaje de las tres carabelas:

> Eres Reina de Reinas. Es tu hija
> hasta la propia lengua castellana,
> que a instancia tuya modeló Nebrija.
>
> Fue tu amor a la historia tan profundo,
> que elevó tu misión de soberana
> hasta cambiar tus joyas por un mundo.

De forma más directa, pero subjetiva, porque se refiere a su ceguera física, Balaguer escribe el soneto "Descubrimiento":

> Nunca pensé posible la existencia
> sin recibir la claridad del día,
> sin ver el mar, sin que la noche umbría
> nos mostrara de Dios la omnipotencia.
>
> Más triste que la muerte es esa ausencia,
> y en mis vanos delirios concebía
> que a nuestros pies un mundo se abriría
> donde vagara errante la conciencia.
>
> Hoy sé que tras la sombra se recata
> una tierra en que el sol es más fecundo
> que el que ilumina nuestra vida ingrata.
>
> Y sé que con sentido más profundo
> el alma en esta tierra se dilata
> para encontrar, como Colón, un mundo.

En "La isla inocente", Balaguer fustiga aquello que la conquista trajo de deplorable al conjuro de las tres carabelas. Son duros sus decasílabos compuestos por dos hemistiquios pentasilábicos:

> La capitana "Santa María"
> trajo ¿qué cosas en sus bodegas?:
> con ella vino la Eucaristía,
> también venganzas, muertes, refriegas.
>
> En su mesana trajo "La Niña"
> la luz sagrada del santo cirio,
> Roldán más tarde trajo la riña,
> después Ovando trajo el martirio.
>
> En sus entrañas trajo "La Pinta"
> la cruel simiente de los Pinzones
> para malearnos la raza extinta
> por sus intrigas con los Colones.

Sin embargo, el soneto que mejor pinta la sensibilidad patriótica de Balaguer, es el que titula "Colón":

> No te admiro, Colón, ni por tu hazaña,
> ni por la fe, mil veces redentora,
> que alumbró tu misión descubridora,
> ni por la gloria que le diste a España.

Así comienza el primer cuarteto de su soneto "Colón", algo enigmáticamente, pero anunciando ya que su admiración por el marino genovés radica en otro motivo. Y con la misma tónica continúa el segundo cuarteto:

> Tampoco admiro la confianza extraña
> que puso en ti Isabel, tu protectora,
> tampoco la energía inspiradora
> que en tu vida azarosa te acompaña.

Es decir que Balaguer no admira a Cristóbal Colón ni por su hazaña de encontrar un Nuevo Mundo, ni por su fe, ni por la gloria obtenida, ni por su relación con la corona española para realizar el viaje, ni siquiera por su energía... ¿Dónde radica la mayor admiración de Balaguer por Colón?

Colón cantado

No admiro tanto tu saber profundo,
y lo que hiciste, al descubrir un mundo,
como tu amor por esta tierra amada,

hoy tan unida a tu inmortal memoria,
que escogiste de última morada
para dormir el sueño de la gloria.

En los últimos cuatro versos se afianza la epifonema del soneto memorable. Porque Balaguer no admira tanto a Colón, ni siquiera por su talento y lo que realizó con la peligrosa fragilidad de tres pequeñas naves, sino por haber escogido a su patria dominicana para reposar en ella el largo sueño de la muerte. Lo que más impresiona, la mayor admiración del poeta Joaquín Balaguer por el otro poeta, el de la proeza ultramarina, son los restos que duermen a la entrada del *Faro a Colón*, por voluntad del Gran Almirante. República Dominicana, América y España: orden poético en la sensibilidad patriótica de Joaquín Balaguer. Su tierra generosa y cálida, su América india y victoriosa, su España madre, tutora y, finalmente, amiga.

Manuel E. Suncar Chevalier escribió un soneto para el "Día de la raza". El primer serventesio termina con un verso rítmicamente dudoso, que puede ser una mala transcripción:

La noche secular de medio mundo
quemó sus torpes alas en la hoguera
que el genio de Colón, alto y profundo,
encendió para gloria imperecedera.

Ese último verso es un dodecasílabo y salta a la vista que el error consiste en el adjetivo "imperecedera". Es preferible cualquier otro vocablo de cuatro sílabas como "duradera", por ejemplo.

José María Heredia fue compañero de clases de Francisco Muñoz del Monte, en el Seminario del antiguo Palacio Arzobispal, en Santo Domingo. Muchos años después, Muñoz del Monte escribió una elegía "A la muerte de Heredia", en la que, evocando el poema del cubano (Pág. 27) dice: "Y el mundo de Colón no fue un desierto". En el largo poema de José Joaquín Pérez, "El junco verde", hay también un apóstrofe a Colón: "Colón regresa a sus antiguos lares/ ¡al pie de los monarcas protectores,/ de sus conquistas en lejanos mares/ dispone los magníficos primores!" Mientras, Mateo Morrison escribe: "Colón fue como el viento/ que quiere a veces amar tanto los árboles/ que convierte su amor en huracanes". Y un poeta dominicano actual, Rigoberto Nouel, escribe su "Canto a mi tierra", en septiembre de 1992, con motivo del Quinto Centenario, con ácidos recuerdos:

> Lo primero es la historia,
> esta historia que cuentan
> fraguada en el calor de las trincheras;
> muchas botas pisaron tus raíces
> desde que Don Cristóbal lo dijera,
> y el indio se marchó con su penacho
> a cantar su canción de cordillera
> y te desvencijaron tus encantos
> y cortaron tus alas con tijeras,
> y seguiste un camino trashumante
> sin corazón, sin alma, sin bandera,
> oyendo los corceles galopantes
> y los conquistadores aberrantes
> hiriendo tus praderas.

Sin andar con paños calientes, Nouel denuncia desmanes y carga las tintas, lógicamente, ante "dictadores locos e iracundos" que "lucieron charreteras". Denuncia el olvido de Cervantes, Hostos, Aguilera, Gabriela Mistral, los Iriarte, Rodó, Rodin y Cabrera y el pulso se le torna amargo ante la ignorancia de su pueblo, para el que quiere escuelas. Claro que el poeta no se engaña, y no confunde el camino de la libertad con el de la demagogia política, aunque su canto comience con una evocación a Neruda. Al Neruda exclusivamente poeta, por fortuna...

────── *Colón cantado* ──────

> *Por renacentista, Colón fue capaz a sus años de atravesar el Atlántico y de pasar en las tierras descubiertas las mayores calamidades. Como hijo de su tiempo fue apasionado, elocuente, contradictorio, tenaz, imaginativo, soñador...*
>
> OCTAVIO R. COSTA

CAPÍTULO VIII

Cuaderno del Encuentro (1492-1992)

HONRAN A COLÓN 49 AUTORES

La *Asociación Prometeo de Poesía,* que preside en Madrid el poeta Juan Ruiz de Torres, no podía ignorar los 500 años del Descubrimiento de América. Anticipadamente, en 1984, y con la colaboración de no pocas instituciones, comenzó la tarea de reunir poemas para publicar en su momento una "antología en tirada masiva" -a sugerencia del entonces alcalde de Madrid, Enrique Tierno Galván-, "de excelentes poemas que conmemorasen, en forma positiva, el 'encuentro' entre América y España". El ambicioso plan, sin embargo, no pudo llevarse a cabo con las características deseadas. En su lugar, la *Asociación Prometeo de Poesía* decidió incluir una selección de poemas en la serie "Cuadernos de Poesía Nueva", correspondiente al número 81, de diciembre de 1992. Ruiz de Torres explica, sensatamente, que aunque se recibieron unos 500 poemas, su calidad, en sentido general, no respondía "cabalmente a la intención de la convocatoria". "Una cuarentena larga de poemas interesantes -varios de muy alto nivel-, originales de poetas de once países" -añade- fueron los escogidos para su publicación. Y surgió de esa manera el *Cuaderno del Encuentro (1492-1992).* En total hay en el libro 49 firmas que representan otros tantos poemas, y como colofón lírico a esta larga serie sobre los "Poetas del Descubrimiento", voy a referirme a ellos.

Ricardo Adúriz, diplomático argentino que fuera Consejero Cultural en Madrid, en una interesante muestra titulada "Introducción a Arcentales para Francisco Javier", un padre le habla a su hijo sobre su propio abuelo -o sea, bisabuelo del niño- y le hace un relato ancestral ocurrido en España en el siglo pasado. Es un canto de loor a un árbol: "Hay una robla/ -así la llaman, femeninamente,/ las gentes del lugar..." El poema tiene frases que se salen de lo común, y bastan dos endecasílabos para dar una idea de su calidad estética:

> (Ya sabes bien que yo nunca camino
> solo, sino con muertos a la espalda).

Y el final se resuelve en un homenaje a la tierra, porque "hijo mío, la tierra es nuestro sitio/ natural y sin lástima".

Por otro lado, la española Ángeles Amber, autora de numerosos libros de versos muy bien acogidos por la crítica, exalta la gloria de Colón con su poema "Verbo-puente. La primera singladura". Comienza en Palos de Moguer y, en la síntesis cabal de apenas quince versos, llega felizmente a Rodrigo de Triana: "El tiempo, fusionando cobre y nieve/ a una epidermis nueva dio el acento/ de aquella voz que un día gritó: -¡Tierra!-" La pieza de Ángeles Amber justifica bellamente su título en un verso: "patrimonio, verbo-puente", para concluir con un imaginado y largo puente de buena voluntad, edificado con unidad y entusiasmo patrióticos:

> ...viaducto de poetas y de sabios,
> pasarela sin fin sobre el océano:
> ¡Cinco siglos de Historia te construyen!
> ¡Cinco siglos de idioma te veneran!

Otro poeta barcelonés de numerosa obra, Enrique Badosa, resume en una sola estrofa de tres versos su colaboración para este

Colón cantado

"encuentro". Su libro *Cuaderno de Barlovento* incluye el *Cuaderno de El Cuzco*, de 1983. Encabeza este *Cuaderno* el poema más breve del libro, pero su filosofía española queda implícita en su "Plaza de Armas":

> ¡No de conquistador, sino de amigo,
> no de devastador sino de amante,
> es mi palabra!

HABLA EL INDIO, HABLA EL ESPAÑOL

Alberto Baeza Flores, a quien ya cité en el capítulo V, página 73, aparece también antologado en el *Cuaderno del Encuentro,* con el poema titulado, precisamente, "El encuentro", de su libro *Las dos orillas,* de 1991. Baeza se pregunta quién encuentra a quién, si el Caribe a las naves, el indio al hispano, el pájaro a la nube o viceversa. Así, marcha atrás en el tiempo y termina con dos versos reveladores:

> Las tres velas avanzan. ¿La historia es un milagro?
> Sólo Dios sabe qué orillas infinitas se han encontrado.

La lírica boliviana Yolanda Bedregal enfoca el tema apasionante desde el punto de vista indígena, y su poema "Evocación", lleva a la paradoja de reminiscencias no vividas, aunque sí experimentadas. No podía haber escogido un mejor título, porque los versos sin rima se deslizan sobre una elocuente evocación de la madre india, cuando retrocede a la Eva de su paraíso americano:

> ¡Qué linda india aymara o quechua debió ser
> mi madre primigenia,
> por venas de otra raza, a gotas, ensangrada!

Así prosigue hasta el encuentro de los dos mundos:

> De pronto, el largo día de su existencia indígena...
> Hay rüidos cercanos: carrera de centauros,
> pisar de duras suelas, sacudir de pendones,
> rumor de secreteos, disputa, parla extraña.

Y la madre india se transforma al conjuro del devenir histórico:

> La miro en el presente, con su vestido nuevo,
> en su gloria tronchada y renacida gloria
> bajo la cruz cristiana y el Padre Sol del Inca,
> multiplicada en sangres y lenguas ancestrales:
> pañal, sudario a un tiempo en época de un mundo
> mancillado por guerras, por ambición, ¡sin dioses!

"Evocación" es un canto indio de protesta sin amarguras, que si inculpa a alguien por los errores de la historia, es al propio hombre y no a una determinada raza. Y la madre aymara, "réplica del Pachamama" (o pachamana) que es la madre universal, cierra el poema con una súplica en la reverencia de un pareado:

> Madre del Nuevo Mundo, pide al sol y la luna
> por una tierra nueva de humanidad en paz.

Si Yolanda Bedregal enfoca el tema desde su sangre india, el poeta español Andrés R. Blanco lo hace desde sus venas europeas en su poema "Reencuentro". He aquí un admirable canto de positiva y serena sensatez. Así surgió la hazaña de Colón:

> Nadie daba su ruta a lo imprevisto,
> su sueño a la aventura,
> su presagioso anhelo al sol de lo improbable.
> Y los vientos gemían
> nuestra mirada en sombra,
> nuestro paso que huía al horizonte
> de más allá del mar.

El poeta es optimista -producto de su salud mental- y, este hoy con quinientos años de edad, debe ser la base para fundar el futuro:

> Ahora es tiempo de encuentro, sí,
> que no de olvido.
> La historia como ruta hacia el mañana.

La verdad como bronce
fundido en nuestras venas.
Somos forja
en esta madrugada que augura un nuevo sueño.

ANCESTRO, AMOR, IDIOMA Y FE

El chileno Antonio Campaña centra el tema del Nuevo Mundo en dos "recios abuelos españoles". En su poema "Vigilia del doble amor", duplica así sus vivencias americanas por el camino ancestral, siguiendo la historia de su vida -confesión propia- para recrearse en el recuerdo de "dos abuelos: el andaluz y el vasco". Su poema es unitario, melancólico, ecuánime y justo. El final de su poema es particularmente lírico dentro de dos equilibrios, el de su métrica irregular y el de un mensaje que, como al final, roza lo enigmático:

> Aquí estoy, ángeles invasores de mi sangre,
> abuelos mezclados, mares por prodigios enlazados.
> Sé que el corazón aprende a salir de la angustia,
> que el tiempo dorado le prodiga alucinantes
> cuando avanza desde sí mismo hacia los otros,
> cuando apagan la chispa que iba a volar mis sentidos,
> abuelos que me dicen que hay que chupar hasta los soles,
> que hay pájaros que beben en la luz de mi sangre.

La española Jacque Canales, en su libro *Colón, presencia entre dos olas,* incluye su poema "Mestizaje". En síntesis, el paje del Almirante, de sólo quince años de edad, llamado Fernando, tiene un fogoso encuentro con una india guanahaní, de trece, llamada Erinda. El poema comienza diciendo que "Erinda era la luz", y los dos jóvenes pierden la virginidad al unísono, "simbiosis virginal de los dos pueblos" para que se cumpla el mestizaje. Es una historia deliciosa, relatada con difícil facilidad poética, puesto que enfoca el Descubrimiento desde otra vertiente no siempre explorada con éxito. Una pasión distinta -civilización e irracionalidad- se realiza en un mundo nuevo, para que el amor estalle y venza todos los convencionalismos:

> Bajo el dolor de virgen
> la muchacha solloza su gesto de milagro
> y atada suavemente a la locura,
> como acto de amor,
> acunaron sus besos esa playa dorada.

Otro poeta español, Gregorio Corrales, en su "Romance del encuentro", se hace preguntas que una voz desconocida le contesta. Al interesarse por quién trajo a América el milagro del idioma:

> —Los españoles, señor,
> que de la mar se llegaban
> a puro golpe de verbo
> en las noches encalmadas.

¿Qué mano milagrosa levantó casas y templos?:

> —No fueron dioses, que fueron
> humanos de indiana casta,
> hombres de mirar de sol
> y de vientos hecha el alma.

Después, el poeta escucha un tañido musical: "son en su mitad de viento,/ son en su mitad de caña", y aprende que se trata de una flauta indígena "que gime con el gemido/ de los cobres de esa raza". Y, finalmente, al preguntar por la Cruz: "¿por qué las cruces a fuego/ sobre la carne del alma...?", la última respuesta del romance retrocede al origen de la fe continental:

> —Los españoles, señor,
> que de la mar se llegaban
> a puro golpe de fe
> en la noche más cerrada.

Terminan así los versos octosílabos con el mismo tono del comienzo, destacando acaso los dos tesoros más importantes con los que España obsequió a América: el idioma y el cristianismo:

Colón cantado

"a puro golpe de verbo" y "a puro golpe de fe".

UNA ANTOLOGÍA RICA EN VARIEDADES
La selección de poemas hecha para este *Cuaderno del Encuentro (1492-1992)* parece querer aunar la mayor cantidad posible de estilos. Versos de corte tradicional como los endecasílabos de Ángeles Amber, se ven aquí rodeados por versos libres. La música verbal -magia de la prosodia- prevalece, sin embargo, para darle al conjunto una visión de real Poesía. No obstante, hay que reparar en títulos de sustanciales paradojas, como "Memoria de futuro", del argentino H. Daniel Dei, con lo más significativo en estos versos libres:

> En el útero,
> la sabiduría cobriza del destino.
> Milenaria esperanza de una fe que canta
> desde el dolor de parto, la alegría
> de ensanchar los ojos de lo Viejo
> y entregar en fruto un Continente.

Y hay discursos marinos como "Las conchas en la arena", que hermana dos mundos desde la infancia:

> Libres, ágiles, sinceros,
> jugarán los niños en las playas de Moguer
> y recogerán las conchas de América Latina,

del español José Luis García Herrera; sin olvidar la búsqueda de un himno sobre la arena de Guanahaní, del también español Guillermo Garcimarín en "Hace ya tanto tiempo", donde afloran ecos pesimistas desde la evocación bíblica de la primera traición fraternal:

> Sí, hermano de allende la espuma:
> Todo está escrito. Se repiten los hechos
> y los pueblos son simples marionetas
> de su propio destino. Desde Caín.

Con versos oceánicos, del dominicano Lupo Hernández Rueda: "¡Mar, lejano mar, misterioso y despierto!", verdadera inundación de salitre para honrar el Descubrimiento:

> Mar, interminable mar,
> altas aguas lucientes que laceran los pechos recelosos,
> mientras Colón toca los astros,
> palpa el olor del tiempo
> con sus sienes abiertas como una plata alumbrada
> por la luna.

Muy bella es la visión de un Colón poeta, que surge en la voz española de Encarnación Huerta Palacios, en un poema cuyo título es el primer verso: "Tomó rumbo al Atlántico":

> A las costas llegó, latido-fiebre
> con un verso colgado de los ojos.

Entre las evocaciones, hay las de Túpac Amaru, César Vallejo, Rubén Darío y Garcilaso, en el canto del panameño Luis Carlos Jiménez, pero sobresale la de Darío por su justa belleza. Porque el nicaragüense renovador de la Poesía en castellano fue "Padre tutelar de la lírica española", y con la garganta del indio americano/ construiste cantos de azules alegrías/ y con ellas viajaste por el mundo/ como una bandera universal de alta ternura".

Vibra el clamor elegiaco de la peruana nacida en Chile, Raquel Jodorowsky, en "América en la tierra". Su poema tiene tintes de amargura reprimida, con cierta esperanza de que llegue "la luz total", y aunque no se vislumbra realmente de qué luz se trata, la expresión va por rumbos políticos, porque:

> nos hemos sentado
> en el trono de los reyes
> en el altar de los santos
> y en el banco de las cárceles.

No falta la interpretación europea de "Eldorado" hecha por el español Javier Lentini. Y es verdad que "no es fácil/ conseguir el encuentro/ del águila y el pez", con versos reveladores de dos mundos cuando exclama:

> Martillear en tu yunque
> mi cadena dorada.

Asombran los cambios que van desde la versificación habitual hacia largas oraciones en una sola línea, como la siguiente del español Sergio Macías: "En Aragón bailo la jota. Y hago cabriolas con el sonido de las flautas pastoriles. Valencia baja el cielo para entregarme su nave de astros", con un final rico en lirismo: "Cuando la esperanza habla como el árbol desde el llanto de la piedra hacia la telaraña del cielo./ Como las canciones marineras de Cádiz que se deslizan alegres sobre la nueva España".

Un autor chileno de idéntico apellido, Alfredo Macías Macías, exclama en "El Descubrimiento":

> Hijo de la luz y de la sombra,
> tejido al alba,
> sellado a sangre y fuego
> al mascarón de proa encadenado,
> como un diluvio de delfines muertos.

Y otro chileno, Manuel Francisco Mesa Seco, por su parte, relata en "Mundo nuevo" el sueño colombino, mucho menor que el gran mundo que el almirante descubrió sin sospecharlo. Es muy significativa una estrofa que combina un endecasílabo entre dos heptasílabos para finalizar con tres eneasílabos:

> No era el fin de tu viaje
> pero como un gigante el Continente
> abordó tus navíos.
> Se interpuso el árbol, el humo,
> los pájaros, el aire cálido,
> la desnudez y la sonrisa.

El uruguayo Hugo Emilio Pedemonte le canta a la Cruz del Sur, en su poema titulado, precisamente, "Hombre en el sur", y evoca al obrero español de las letras y la Poesía, Carlos Murciano, y el poema arriba a un final de reminiscencia:

> Recuerdo siempre el Sur, el sitio único
> del andaluz de América o España;
> las estrellas en cruz, un patio, un nardo:
> La luz es toda igual en mí. Yo escribo
> lo que dura un instante
> del Sur que soy.
>   El resto es Sur eterno.

Ángela Reyes, mujer española que ve alto y hondo, recrea el romance frente a una laguna entre Ipaua y un conquistador. Ipaua es la india, desnuda bajo la Cruz del Sur, amada en las "quietas y cálidas aguas de la laguna", bajo la luna llena, que no era más que "el ojo sangrante de un pájaro que, desde su dolor, los miraba". Aquí el amor se torna en pureza con bautizo de agua, y el español, que siente "una ardiente oleada de bondad bajarle por el pecho", y mientras besa la garganta virgen, le promete cándidamente a la india "entregarle el mundo". Es el comienzo de la integración de la nueva raza americana, con el fruto extranjero alimentado por las raíces aborígenes. Pero es también una tierna página titulada "Promesa", donde el deseo de posesión desemboca en amor purísimo y la seducción reiterada se torna en clara ternura.

Un interesante poema es "Cuento del cronista", del estadounidense-hispano Tino Villanueva. La emprende contra Alvar Núñez Cabeza de Vaca, "...maldito explorador/ de nombre imaginista", en un alejandrino que sigue a su ruego para que lo ayuden a "ser fiel" a su linaje. Lamentablemente, en dos ocasiones, escribe "le" en vez de "les". Así cuando dice: *"dile* a tus dioses..." y *"dale* a mis retablos equilibrio". Es evidente que el complemento indirecto es "dioses" y "retablos" y, por tanto, el artículo "le", debe ser también en plural. Pero lo más curioso es que el decasílabo segundo, tal como aparece en el libro, pero escrito sin la incorrección gramatical: "dales a mis retablos equilibrio", al desaparecer la sinalefa por la irrupción necesaria de la consonante S, se convierte en un sonoro endecasílabo yámbico acentuado en primera y sexta sílabas. Al final del poema, sin ser un arrepentimiento, Villanueva suaviza su página combativa frente a Cabeza de Vaca, y lo achaca todo a "esta impaciencia, este diario acto de vivir".

IDIOMA, RAZA, ESTIRPE

Luis Ricardo Furlan también contribuyó al *Cuaderno del Encuentro (1492-1992)*, al escribir un soneto titulado "Encuentro y mixtura por el habla". Es el idioma, acaso, lo que más agradece este gran poeta argentino, que en catorce versos dice todo lo que puede sentirse, desde los primeros balbuceos que ya traen ecos lejanos a través del mar. Por su rigurosa técnica, por su sentido de uniformidad metafórica y por su rica eufonía, vale la pena reproducir el soneto:

> Lengua ritual, florida y obediente,
> unidora y mestiza, cal y espejo
> del león y el jaguar, nuevo y añejo
> el sol impar, en vario continente.
>
> Cala el terrón, anima la simiente,
> estira la raíz, mana en cortejo
> de hormigas y pistilos, un festejo
> sonoro y colorido, urdida fuente.
>
> Diafanidad oral, texto maduro,
> espada o cruz, encíclica o conjuro:
> el alazán pastando con la cabra.
>
> Signo amical de América en pañales
> y cordial de la España en los panales,
> oh tesoro caudal de la palabra.

Y la palabra española -caudal y tesoro- se hizo verso americano en la voz agradecida del poeta.

Enrique Gracia, poeta español, con un título quevedesco por su extensión, evoca a un Colón decepcionado y, de cierta manera, decepcionante. Su poema se titula "Fragmento de una carta de Colón encontrado, con un marco de plata, en una casa de la judería de Lisboa". Según el poeta, el Descubridor se duele de un mundo ciego "como una bola de pan húmedo", y confiesa su terrible soledad cuando se acercaba con sus tres naves a la conquista del futuro. He aquí un Colón pesimista, que no puede encontrar el Paraíso Terrenal que busca, y exclama no sin cierta amargura: "Ahora yo he cumplido, y debo terminar, ceder el rumbo". Una esperanza lo envuelve, no obstante, y es que los hombres del mañana encuentren el soñado paraíso, a lo que habría contribuido el propio Colón con su monumental ejemplo marino.

Con menos intensidad dramática que el "fragmento de la carta de Colón", el poeta argentino Rafael Fabián Gutiérrez les canta, en versos de arte menor, a su raza y a su estirpe. El poema fue escrito con una métrica ciertamente arbitraria, pero en la que persiste una vaga musicalidad. Dice el poeta:

> Yo soy el hombre
> del Nuevo Mundo,
> ya no blanco, ya no negro,
> todo hombre, todo sueño.

Después, añade que su piel de bronce no se hizo "de ese sol", sino "de un fuego rojo sangrante". Es la estirpe del poeta, un hombre, sencilla y llanamente, "a golpes de alma moldeado".

DOS SONETOS REVELADORES

La "Segunda fundación de Buenos Aires" está tratada en un soneto del poeta argentino Ovidio Augusto Fernández Alonso, en este *Cuaderno del Encuentro 1492-1992*, publicado por la *Asociación Prometeo de Poesía* en España. Predomina en estos versos la lógica del profesor, cuando al llegar por segunda vez a Buenos Aires "el acento hispano" -pertinaz y gallardo-, desembarcan los españoles:

Colón cantado

Y por segunda vez llegó a la orilla,
pertinaz, el gallardo acento hispano,
una cruz y una espada, en cada mano,
y su bandera roja y amarilla.

Intrépidos hidalgos de Castilla
trajeron, en crepúsculo lejano,
empavonado acero toledano
y sangre de claveles de Sevilla...

Repitieron los básicos rituales
detrás de la verónica del puerto
de esa Jerusalén de sus ideales.

Bajo la cruz del sur, a cielo abierto,
cuatro siglos de sueños esenciales.
¿Cumplieron ese ideal? ¿O ya está muerto?

La sinéresis del último verso pudo haberse evitado con decir "su ideal" en vez de "ese ideal". Esa contracción prosódica fue necesaria, no obstante, debido a que el poeta se refiere al ideal no en sentido personal, sino universalista. Pequeño sacrificio auditivo en aras del concepto. Por lo demás, también hay en algunos endecasílabos, como el segundo cuarteto, cierta rigidez notarial no exenta de belleza poética, que complementa dos tendencias de las que el poeta no puede sustraerse: la docencia y su especialidad en Derecho.

En otro soneto del español Manuel Gahete, "Unánime voz", el entusiasmo patriótico vibra en versos alejandrinos. La voz del poeta, desde el comienzo, es acicate que se alza casi frenéticamente con orgullo de tierra propia:

¡Revive, España! Hiervan tus entrañas deshechas,
tus miembros descarnados por mitos y lenguajes,
noches del alma oscura, espíritus, tatuajes,
llamas de amor, dolido sentir, éxtasis flechas.

> Buitres y toros rondan: sus yáculos acechas
> en las negras barandas y los claros boscajes.
> Siembras luz sobre el ángel de todos los paisajes
> y espadas en los labios y nombres en las flechas.
>
> ¡España!, cuando nace el sol en tu cintura
> —mientras Mitre recite su oda rubeniana—,
> un cárabo se bebe tus ojos con dulzura.
>
> ¡Hermano de tu hermano de sangre americana
> —el máncer de los dioses, delfín de una locura—,
> despierta ya del sueño de ayer que hoy es mañana!

Si se repara en este último verso del primer cuarteto: "llamas de amor, dolido sentir, éxtasis, flechas", puede advertirse el alejandrino sin pausa que puso en boga Rubén Darío. En "Melancolía", por ejemplo, el inmenso poeta de Nicaragua y del idioma le dice a su amigo Domingo Bolívar: "Hermano, tú que tienes la luz, dime la mía". Evidentemente, la cesura cae dentro de la frase [tú que tienes - la luz]. La influencia de esa modalidad ha sido amplísima en la versificación castellana, y se ve una vez más aquí cuando este joven poeta español (nació en 1957) escribe: "llamas de amor, [dolido - sentir], éxtasis, flechas". Y la alusión a Darío en el segundo verso del primer terceto: "-mientras Mitre recite su oda rubeniana-", rinde honor, por partida doble, al corifeo del *Modernismo*. Pero si reparamos también en la pequeña embarcación de vela bebiéndose dulcemente los ojos de España, que evidentemente la ve partir hacia América, advertimos una imagen simbólica muy bien lograda del espíritu del Descubrimiento.

POESÍA DIDASCÁLICA Y NERUDA: POETA DE CONTRASTES
Las antologías siempre son influidas en forma directa por el espacio geográfico donde se realizan. Es decir: si se hace una recopilación de poemas que abarque todas las naciones de habla hispana, siempre tendrá en sus páginas más poetas del país donde se edita el libro. Este *Cuaderno del Encuentro (1492-1992)* publicado en Madrid afronta, inevitablemente, el mismo dilema.

Colón cantado

De 49 poetas escogidos, 28 son españoles y los otros 21 están distribuidos en nueve países: Argentina, Bolivia, Cuba, Chile, Panamá, Perú, Puerto Rico y Uruguay. Y claro que, lo que cuenta finalmente, es la calidad de la selección.

Siguiendo con los poemas, hay uno titulado "Diego de Almagro, adelantado del Perú", que fue escrito por el poeta español Nicolás del Hierro. Estos versos caen en la categoría de la poesía didascálica, que con endecasílabos blancos, haciendo gala de frecuentes encabalgamientos, dan una lección de historia:

> Y tu historia -también-, desde las altas
> planicies de La Mancha, Almagro, Diego,
> oscura resultaba en sus orígenes.

Pero hay una dificultad fácilmente salvable en ciertos casos, cuando el poeta hace uso innecesario del hipérbaton, a menos que, deliberadamente, nos quiera retrotraer a la época del Descubrimiento, cuando no era extraña esa figura retórica:

> Hermanado de siglos, el encuentro,
> concordia al tiempo traza, velas pone
> al barco, y vientos soplan en favor
> de una palabra amiga, una cadencia
> que el éter distribuye...

En el segundo y el tercer versos de este fragmento pudieron evitarse los hipérbatos sin que se dañara la métrica, de la siguiente forma, que es la sencilla y normal, ya que no altera el orden lógico de las palabras:

> ...traza concordia al tiempo, pone velas
> al barco, y soplan vientos en favor...

Sin embargo, este poema es un logro de enseñanza, con un final que enternece:

> Lo demás es amor. De Almagro, Diego,
> debiste ser soldado de la luna:
> capitán con la espada predispuesta
> y en el pecho la flor para el abrazo.

Otro poeta español, Antonio Justel, hace un recuento en "De América a esta parte", con una interrogación casi al centro del poema:

> ¿Acaso digo Pablo y no percibo
> un cálido rumor en Isla Negra?

La mención de Neruda es legítima por cuanto ha representado uno de los pasos de avance más largos e influyentes no sólo en la poesía de Hispanoamérica, sino también en la de España. Aunque, cultor de la belleza suma, hay en Pablo Neruda el contraste de una equivocación política abismal. Resulta radicalmente incomprensible que un mismo poeta diga legítimamente en "Los dictadores" que "Entre los cocoteros las tumbas están llenas/ de huesos demolidos, de estertores callados", y que le cante al "Juan anónimo" de Hispanoamérica y se solidarice con las víctimas de las injusticias sociales, porque ese Neruda contrasta ferozmente con el otro, el poeta con estatura pigmea que fue a la Unión Soviética en 1950 a recibir un premio bautizado nada menos que con el nombre de José Stalin.

AUTÉNTICA ALMA ESPAÑOLA Y
CANTATA DEL INDIO Y LA ESPADA

Un excelente poeta español, José López Rueda, le canta a la "Bahía de Cumaná", poema que se encuentra en su libro *Cantos equinocciales,* de 1977. Se trata de una especie de redondillas eneasilábicas divididas en dos años históricos: 1515 y 1965. Así comienza:

> Pasaba ya del mediodía
> cuando las naves españolas

Colón cantado

    dieron sus anclas a la olas
de esta suavísima bahía.
    Y ávidos nautas admirables
de barbas negras o doradas
desfloraron con sus pisadas
estas playas interminables.
    Sobre el áureo firmamento
vieron las colinas costeras
y contemplaron cien palmeras
alborotadas por el viento.

Dos octosílabos se deslizan en el poema, salvables el primero con un hiato: "Sobre-el áureo firmamento" y el segundo con una diéresis: "Es un dïáfano palacio", pero hay que considerar la belleza intrínseca en estos versos, en los que el amor juega el papel más tierno. Porque si en 1915, en la Bahía de Cumaná, los españoles

        quisieron, de fatiga llenos,
        trocar por plácidos arados
        sus arcabuces fogueados
        y envejecer aquí serenos,

en 1965 López Rueda se traslada al mismo lugar, con idéntica alma conquistadora, y enarbola el área más noble de los españoles:

        Y estos deseos vesperales
        de renunciar al viejo mundo
        para perderme vagabundo
        por estos claros litorales
        son los mismos que ya sentimos
        casi quinientos años antes
        los diecisiete navegantes
        que al galeón jamás volvimos.

Es una vieja historia que se transforma en Poesía, al fuego rítmico y rímico de un poeta que deja al descubierto su pensar saludable y su corazón vibrante y generoso.

El maestro Marlos Nobre, por su parte, compone la cantata *Columbus* basado en el poema del mismo nombre, del poeta español Luis López Álvarez. Los versos comienzan haciendo una descripción americana, arriban al Descubrimiento y terminan con una nota pesimista sobre el futuro de las nuevas tierras. La cantata es un diálogo entre un coro, Castellano, Colón, una india y un indio, y entre interrogaciones y respuestas, juegan aquí un papel especial la fe del indio en todo lo que viene de Oriente,

> Nunca vino de Oriente la acechanza...
> de oriente llega el sol de cada día;

con el natural recelo femenino de la india:

> La acechanza se esconde y se desliza,
> donde menos se espera reaparece
> la obscura agitación de su plumaje;

y la incredulidad de Castellano:
> si el sol sucumbe siempre hacia el Oeste
> aquel que hacia el Oeste se aventure
> bien pudiera acabar en precipicio;

Así como el invariable y seguro destino de Colón:

> Para el que sin arredro persevera
> y conforme en el mar se va adentrando
> torna Oriente lo que fue Occidente,
> móviles son los puntos cardinales.

López Álvarez, llegando al final de su relato versificado, aunque huérfano de imágenes, pone en la voz del coro un pasaje ingenuamente cruento, que bien puede ser el anticipo de una de las consecuencias inevitables de la Conquista. El indio cree que el poder de los españoles reside en el objeto brillante que cuelga de su cintura y...

> Queriendo descubrir ese secreto
> armado de valor se va el taíno
> a acariciar el filo de una espada
> y por gesto fortuito se derrama
> por la primera vez sangre del justo.

"QUERIDA Y VIEJA LENGUA", DE LEOPOLDO DE LUIS

Un gran poeta español, Leopoldo de Luis, tenía necesariamente que inspirarse en el Descubrimiento, precisamente al cumplirse quinientos años de haberse producido. Para honrar el gran tema, honra al idioma castellano que, gracias a la hazaña oceánica, hoy -naturalmente- tiene más hablantes allende el mar que en la propia España. "Querida y vieja lengua" es el grito emocionado de este poeta, que comienza sus versos de la mejor manera posible, con una evocación dariana:

> Yo soy aquel que ayer no más leía
> cantos de vida y esperanza, era
> un aire suave. Hoy en lo fatal
> encuentra hecho de piedra su destino.

Leopoldo de Luis sueña "claustros de mármol con Martí y novias muertas con Asunción Silva"; se "hubiera suicidado con Lugones". Pone a José Santos Chocano, oportunamente, a sujetarles las riendas a los caballos de Hernán Cortés y de Gonzalo Jiménez de Quesada; no olvida al inca Garcilaso ni a Javier Sologuren, presta atención a los "heraldos de amargura" de César Vallejo y hace un recorrido por la poesía femenina americana: Uruguay, Chile, Argentina, y México:

> Besé rojos carbones de Delmira
> y recé el padre nuestro con Gabriela.
> Me asomé de Alfonsina al mar oculto
> y vi las manos florecer de Juana,
> vigilias a Rosario Castellanos
> y pasiones de luz de Sara Ibáñez.

No olvida Leopoldo de Luis el afroantillanismo y escucha danzas con Luis Palés Matos, pero también espera la fundación de Buenos Aires con Jorge Luis Borges. Otros cuatro poetas chilenos, además de Gabriela Mistral, saltan en los versos como centellas literarias: acude a las golondrinas de Vicente Huidobro, escucha la palabra de Alberto Baeza Flores, hace alusión a los antipoemas de Nicanor Parra y entra en las residencias de Pablo Neruda. Los poetas asoman su rostro conocido en esta "Querida y vieja lengua", como el colombiano fallecido en México, Germán Pardo García o el paraguayo de palabra recia y perenne, Elvio Romero. Los poetas mexicanos tienen la mayor atención de Leopoldo de Luis, porque si aprendió a amar a México con Juan de Dios Peza, soñó "morir en alta mar un día hermoso" con Manuel Gutiérrez Nájera; con Amado Nervo lee el *Kempis*, y escucha a Enrique González Martínez con su afán de "torcerle el cuello al cisne". Jaime Torres Bodet le da la propia identidad, y se apiada de un ciego en Granada cuando recuerda la "copla inolvidable" de Francisco A. de Icaza. No está incluida la copla en el poema, por supuesto, pero es bueno recordarla aquí, como si la estuviéramos leyendo en una de las paredes de la Alhambra:

> Dale limosna, mujer,
> que no hay en la vida nada
> como la pena de ser
> ciego en Granada.

Y el poeta sigue en México: Xavier Villaurrutia le dice a la Poesía: "Eres la compañía con quien hablo", aprende con Carlos Pellicer lo difícil que es acordarse del propio nombre, y menciona a Octavio Paz dos veces, embrujado primero por su "Piedra de sol", para recordar después al ensayista y pensador de *El arco y la lira* -y con él a Sor Juana Inés de la Cruz-. Los dos endecasílabos finales son una digna epifonema en las arterias de la hispanidad:

> ¡Qué bien suenas y cómo de mi sangre
> suenas, querida y vieja lengua mía!

Este poema de Leopoldo de Luis es uno de los reconocimientos más equitativos y elevados con que un poeta español puede saludar a América: Con la frente limpia, la admiración sin trastiendas y el amor ilimitado a la lengua castellana.

Miguel H. Miñambres, poeta español, se inspira "En un atlas hermano", y sus alejandrinos blancos comienzan con variadas interrogantes: "¿Qué dioses empujaron su blanca arboladura...?"; y, entre las respuestas, la mejor:

> Fijo el cuadrante al norte de aquel azul seguro,
> presentían las brújulas un insólito octubre
> de bandadas de ánades que rayando la altura
> celebraban sus alas las nuevas geografías.

Otra voz desde España, la de Alejandro Moreno, finaliza -acaso sin sospecharlo- su "Canción del copero" con una evocación martiana ("Nuestro vino es agrio... pero es nuestro vino"):

> Y así nació este vino.
>
> No nos hagamos torpes ilusiones de dómine,
> que no es un dulce caldo
> ni alegra siempre el corazón, copero.
>
> Viértelo con amor,
> bebámoslo despacio,
> que a veces sabe amargo pero es nuestro,
> de todos los que amamos,
> odiamos y cantamos con las mismas palabras.
>
> Y no tenemos otro.

Una trilogía de sonetos de la española Esther Novalgos Laso, con cierta irregularidad en las rimas, titulada "Descubrimiento", concluye con dos tercetos que enarbolan felicidad:

> América y Colón y el mundo en ellos
> fundieron del abrazo los destellos

y henchidos de razón razón clamaron.

Por leve despertar y paso firme
camina recta y noble, brava y libre
la España de Colón. Su afán soñado.

"América con estos ojos" es el aporte que hace el español Salvador Pérez Valiente al Descubrimiento. Navegando entre versos tipográficos —en los que la línea no corresponde a ninguna intención fónica, aunque imite la forma visual del verso—, sutiles voces melodiosas y, también, excelentes momentos prosódicos, como el siguiente alejandrino: "redondo fruto verde para la sed y el hambre", este poeta da lecciones de historia no exentas de política. Y es exclusivamente lírico cuando, a los "emigrantes de ahora", los llama simple, razonada y poéticamente "patria que se embarca con lo puesto".

PUEDE UN VERSO SALVAR A TODO UN POEMA
Siguiendo con los poetas españoles, Pedro J. de la Peña, en su "Segundo libro de la selva", regresa al tetrástico monorrimo del Siglo XIII, que es honrar el idioma:

Y el día que venía tan sucesivamente
con su casaca ilustre de mago impenitente
y se sacaba un oro cegador y estridente
que dañaba los ojos con su espada luciente.

Sin embargo, hay versos que salvan a todo un poema, y el caso se repite cuando De la Peña describe un aguacero tropical, tan de estallido y frescura, que parece querer huir de sí mismo. Concentrada en ese verso, mojada de nubes derretidas, se alza triunfante la belleza poética.

La lluvia que corría sin tiempo a guarecerse.

DOS VOCES FEMENINAS CUBANAS
Entre los 49 autores seleccionados para el número especial *Cua-*

derno del Encuentro (1492-1992) que, bajo el cuidado de Juan Ruiz de Torres publicó la Asociación Prometeo de Poesía Nueva, hay dos cubanas exiliadas. Son ellas Ana Rosa Núñez y Martha Padilla. La composición poética de Ana Rosa Núñez tiene el verbo de España: "el verbo callado/ de las manos largas,/ fundadoras y anchas". Ella viene de España "en las rodillas de Burgos/ con la luz del Cid/ y su exilio", porque ella es también una luz sin tierra, una flor volátil que perdió la rama isleña. La ternura de Ana Rosa Núñez se espiritualiza de nuevo en este poema, significativamente titulado "España". Su gratitud debe ser sentida por todos, como esos sencillos sabios de Oriente que viven esclavos de sus recuerdos ancestrales. Porque con el escudo de la lengua española, su puerta "cerrada o abierta/ abrirá siempre tu Pendón". Eneasílabo agudo final que concentra respeto y devoción por la enseña española.

Un fragmento bastante extenso de la "Canción del saludo profundo" fue lo escogido de Martha Padilla para esta antología. Son versos casi totalmente sin signos de puntuación. Exactamente 48 endecasílabos -seis de ellos desarticulados tipográficamente-, tres heptasílabos y un eneasílabo, lo que hace retornar a Martha Padilla, fielmente, a la métrica nunca olvidada. Eso es algo que retrata a la poetisa latente y, cuando se lo propone, latiente:

> Te hablaré de mi tierra
> Te hablaré de tu tierra
> De tus semillas puras que progresan
> De tus martillos útiles que tiemblan
> Porque es bueno vivir como los muertos
> Que nutren, que nos nutren
> Muertos puros
> Que reparan las ruinas de la carne
> Y atraviesan el mundo de los barros
> Con la piel valerosa de los árboles...

Nótese, como único ejemplo de desarticulación, el heptasílabo y el tetrasílabo que integrarían una sola línea endecasilábica: "Que nutren, que nos nutren/ Muertos puros". Y claro que, técnica aparte, la canción de Martha Padilla elabora sustanciales ingredientes poéticos, en los que acaso el mayor lirismo aparece entre admiraciones:

>¡Ay, qué orgullosa dama de los Trópicos
>se rinde a tu dulzura condenada!

CUANDO CANTA EL AMOR

En su "Cantata de los cinco siglos", un poeta uruguayo, Orlando Mario Punzi, hace un paréntesis entre los dioses, los hombres y los héroes. El poema, magnífico, obtuvo justamente el premio "Encina de la Cañada", de 1990. Los dioses son los descubridores del Nuevo Mundo; los hombres son los colonizadores y los héroes son los descendientes de los españoles que, transformados en las tierras de allende el mar, crearon nuevas patrias. De "los dioses" tomo este simple fragmento descriptivo:

>Hablaban un idioma
>de metal y eufonías.
>Iban erguidos como mástiles,
>luengas las barbas, la mirada fija.

De "los hombres" reproduzco el principio de la sección, con sus tres símiles vigorosos y el retrato ejemplar de los hombres que trabajaron con ardor sobre un terreno que se convertiría en muchas naciones unidas por el denominador común del idioma:

>Enjutos como leños,
>maduros como espigas,
>rectos como el perfil de los floretes,
>cavaron en la tierra labrantía
>-de ubérrimas entrañas-
>el rollo vertical de la justicia;
>tiraron cuchilladas a los pastos,
>le pusieron pregones a la brisa,
>partieron los solares

en un mapa de dudas y vigilias,
cavaron unos fosos,
metieron puños en la tierra tibia
y entraron en el barro y en el polvo
en singular alquimia.

Finalmente, repito aquí la sección completa dedicada a "los héroes". Se trata de un soneto clásico, que usa solamente dos rimas, roto cadenciosamente con dos heptasílabos -primer verso del segundo cuarteto y segundo del primer terceto-, con un estrambote de brillante riqueza expresiva:

Cargaban en las sienes el ornato
del laurel en perenne primavera,
y en el anuncio de la Edad Primera
tañeron las campanas a rebato.

Del fondo de la Era
traían un lenguaje de alegato,
y ostentaban el nuevo decanato
del alto sol y la canción guerrera.

Al cielo baustismal de la ribera
-paloma y arrebato-
le pusieron un mástil de bandera.

Y en el suelo vital del virreinato
marcaron a mandoble la frontera
y escribieron, sin más, este mandato:

-Aquí tenéis la Patria. Que no muera.

Así, con la proposición feliz del amor sencillo, sin amarguras odiosas, concluye Orlando Mario Punzi en unos pocos versos con la exposición vívida de lo que fue el Descubrimiento, la Colonización y la Independencia. Prodigioso poder de síntesis y extraordinario valor de la palabra de un americano que -por encima de actitudes reprobables- ama a sus abuelos españoles.

SEGUNDA "SALUTACIÓN" Y QUIJOTES DE AMÉRICA

Recordando a Darío, el poeta español José Antonio Rey del Corral espera la fecha del Descubrimiento con su "Segunda salutación del optimista". El título, en sí mismo, es pretencioso, puesto que la famosa "Salutación del optimista" (Ver la pág. 85) es uno de los pilares en los que se apoya la poesía española de todos los tiempos. Al leer el título de este poema, inevitablemente, no resulta fácil entrar en los versos con total imparcialidad. Es mucho lo que se espera, como si un músico contemporáneo completara la *Sinfonía inconclusa* de Schubert... Pero aun sin los grandiosos alardes versificados de Rubén Darío en su "Salutación del optimista", estos versos de Rey del Corral tienen virtud unitaria, puesto que abogan por una sola patria hispana siempre en libertad. Tres veces menciona el adjetivo libres y dos veces menciona el sustantivo libertad:

...absortas nuestras bocas libres
en cotidianos buches de libertad continua,
asidas nuestras manos libres
en mestizajes más hermosos que el esponsal primero,
comunicadas nuestras lenguas libres
alrededor de la redonda lumbre...

Para preguntarse con serena confianza: "¿Volveremos a ser?" En la tercera y última estrofa el poeta llega a una conclusión esperanzadora:

¡El oro que queremos!, ¡maíz de nuestro ágape!
Y así seremos dos orillas que se mojan, se beben y se cantan,
y un agua de respuesta, una mañana madrugada
de luz, de libertad, de ensanchamiento,
una común palabra.

Por su parte, español también, Ricardo de la Roza Díez se inspira en "Don Quijote de América", y el largo fragmento que reproduce el *Cuaderno del Encuentro* es un reconocimiento admirable de los patricios que lucharon por la independencia americana, pródiga en quijotes:

Colón cantado

>Y Don Quijote, idílico, eglógico y romántico
>unas veces, y otras, religioso y bizarro,
>besa la cruz haciendo con sus manos un jarro,
>en él se bebe todas las aguas del Atlántico.

Lástima de estos versos penosamente asonantados en A-O, que se reivindican en seguida en los siguientes:

>En Venezuela surge un Bolívar que al trote
>de su otro Rocinante todos los Andes anda.
>Bolívar, él lo dijo, también fue un Don Quijote,
>como quijotes fueron San Martín y Miranda.
>Y el Cura Hidalgo en México y Duarte en La Española
>también fueron quijotes. Hidalgo con la cruz
>en una mano, en aras de los indios se inmola,
>y Duarte en la osamenta de Colón pone luz.

No puede faltar el Apóstol de la Independencia de Cuba, y los versos que De la Roza Díez le dedica en una larga estrofa son altamente emotivos, noblemente justos. Porque nada menos que Miguel de Unamuno entendía que en el cubano estaban "todos los Don Quijote resumidos en uno..."

>...y con sus paradojas hasta un poco "mambí",
>cuando desde un molino de viento en Salamanca
>les dijo a sus discípulos cómo en Cuba, Martí,
>logró la independencia con una rosa blanca.

He aquí un español que comprende, un poeta que ve en América a los hijos de su pueblo, como los americanos bautizamos felizmente un día a España como la Madre Patria.

HERMANDAD ESPAÑOLA. REBELDÍA DE CAONABO

La obra de Guillermo Sena Medina ha sido ampliamente divulgada a ambos lados del Atlántico. Sus colaboraciones con múltiples revistas literarias y poéticas de los dos continentes lo han dado a conocer de manera amplia y definitiva. Es joven, no obstante.

Nació en Jaén en 1944. Y su enfoque de los 500 años del Descubrimiento quedó plasmado en su "Canto de hermandad a Hispanoamérica". El *Cuaderno del Encuentro* extrajo un soneto de su canto y lo dio a conocer. Helo aquí:

> Desde la altura azul del cóndor, cumbre,
> Macchu Picchu, mi América española,
> viene el claro clamor que se enarbola
> sobre mi sangre con su dulcedumbre.
>
> Quiero el canto profundo, la quejumbre,
> la voz del indio, cimbra o caracola,
> que llama sin cesar y me amapola,
> llaga la piel hasta abrasarme, lumbre.
>
> Responda mi palabra a tu clamor,
> y que mi verso, nave y luz de amor,
> desde esta orilla hasta tu orilla vuele,
>
> bese tu tierra, llore y me consuele
> de no volar con él en cuerpo y alma.
> Mas, ¿cuándo el vuelo me dará la calma?

Un poeta puertorriqueño, Adrián Santos Tirado, escribió "Doce variaciones de conciencia sobre un mismo tema". La sección "Caonabo" está dedicada al valiente guerrero que se enfrentó a los conquistadores en su primer intento de permanencia, en el fuerte de la Navidad, en La Española, hoy República Dominicana. El cacique relata cómo era la vida antes de la llegada de los españoles, justifica su acción bélica, aunque aquí el poeta -que habla con voz india- idealiza las situaciones, y hace una copia inexacta de la vida salvaje. Pero Poesía es Poesía, y los versos de Santos Tirado, perfectamente armónicos, se yerguen con un lirismo consecuente con el tema:

> En este rudo barro, transgredido,
> era la sed de mansas soledades;

cuando a mi boca la aplastó el silencio
y me bebí la noche en el paisaje.

Una sílaba de más daña la métrica en un verso: "A las orillas en que planté una estrella". La preposición "en" convierte el endecasílabo en un dodecasílabo de rara acentuación. Y esa es una de las ventajas que siempre tiene el verso sobre la prosa: lo que está de más o de menos, choca. Aunque este no es el caso, a veces las fallas del linotipista -perdón, más actualmente, del técnico frente la computadora electrónica- quedan de manifiesto ante el ritmo roto. Pero hay que ser justo y reparar en el final de "Caonabo", que no puede ser más elocuente con la terrible sentencia en boca del cacique:

¡Hundí entonces mi flecha en el silencio
y el corazón de un dios se ahogó en la tarde!

VERSOS BLANCOS, MAR OSCURO

Juan Tena Corredera es un poeta español que se inspiró en el Descubrimiento de América con su poema "El alba". Poéticamente parece acompañar a los descubridores en su viaje hacia la incógnita, con ritmos exactos en versos que evitan la rima:

La noche es larga, el mar, insomne, bate
lenguas de furia sobre tres gaviotas.

Y las tres gaviotas, "La Niña", "La Pinta" y la "Santa María", vuelan sobre la inmensidad azul de unas aguas rebeldes que presagian oscuros desenlaces. Sin embargo, un día...

¡Tierra, tierra! "Crescendo" de timbales,
corazones que cantan, redoblando,
bajo la sal que fue dura estameña,
refulge el mar, topacio enmudecido,
hosannas de palmeras que se mecen
en perfumada brisa desvelada.

Finaliza el poeta con un endecasílabo que es toda una promesa: "Mosaico de culturas y una raza". Ese es tal vez el más significativo verso del poema. Y para encontrar su expresión más bella, hay que volver atrás, al retrato con dos palabras que Tena Corredera le hace al Atlántico: "topacio enmudecido". Visión poética del largo y terrible silencio del mar que no logró enmudecer a las tres carabelas.

Una poetisa española, Lola de la Serna, hace hablar a Colón con su propia voz. Su poema se titula "Conmigo nació el mar". Y el Almirante dice:

> Conmigo nació el mar y aquella orilla
> hondísima y lejana...

El Descubridor de América recuerda su difícil travesía, su arribo a la tierra que se hizo grito en el palo mayor al conjuro de Rodrigo de Triana, pero anticipa consecuencias dolorosas. La gloria del hombre que no se conquista sin su ración de desesperanza:

> Cuánta sed sin sosiego rastreando las olas
> en el intacto océano.
> Llegar, besar su arena solitaria y nacer
> árbol o lluvia,
> fragmentada raíz: fe de otros sueños.
> Hubo sangre vertida en el barro inocente.
> Lágrima y trueno
> y vientos empapados de gemidos y gloria.

He aquí a un Colón atado a su destino, pendiente de una hazaña que transformó la Geografía, en versos blancos con sabor a negruras olvidadas o que se quieren olvidar. No obstante, al reconocer Colón que el nombre suyo y el de América "por los renglones de la Historia bogan", hace tres preguntas claves en las que hay que meditar:

> ¿cuántos sueños lograron la identidad ansiada

y cuántos naufragaron en tu llama de libertad y trigo?,
¿qué preciado misterio,
qué rosa aún nos ocultas?

El lector puede indagar por las respuestas. Yo no las encuentro.

JUAN RUIZ DE TORRES Y EL "HOMBRE AMEROHISPANO"

En su libro *Paseos por Nygäde*, Juan Ruiz de Torres evoca inolvidables caminatas no sólo por Nygäde -fragmento de calle en la región central de Copenhague-, sino por otras avenidas de España y del mundo. La capital de Dinamarca tocó su sensibilidad, y Europa y América florecieron en sus paseos al recordar una sola calle. Porque, viajero absoluto, este poeta español se ha pasado tres cuartos de vida captando experiencias que después traduce en versos. Data *Paseos por Nygäde* de 1989, tres años antes de conmemorarse los Quinientos años del Descubrimiento. Antes de esa fecha, ya Ruiz de Torres se había sentido embrujado por el Castillo del Morro de San Juan, y se inspiró octosilábicamente en la edificación colonial para cantarle a lo que él llama "el hombre amerohispano". Ciertamente, de España surgió un hombre diferente en el Nuevo Mundo, aunque con el bautismo irremediable -¡gracias a Dios!- de un idioma que nos pertenece a todos por igual. Y al incluir el poema en el *Cuaderno del Encuentro*, que el propio Juan Ruiz de Torres editó, nos encontramos con lo que el poeta advierte:

> ...que iguales voces suenan
> llamando en nuestras almas
> al pan, la madre, el cielo,
> el amor y la muerte.

Y Ruiz de Torres se duele, con toda razón, de los cizañeros de oficio. Seres herméticos para la gratitud, que crean y reviven odios supremos sin pensar en la gran familia de la hispanidad. No somos indios, aunque en nuestra corriente sanguínea queden gotas de caciques antepasados. Somos los mismos españoles que un día descubrimos un mundo, y en ese mundo nos fuimos transformando en americanos. Otro plasma llegado de Africa penetró después en nuestras arterias, pero la pigmentación de la piel no nos marchitó la raíz española. Desconocer esa realidad es ahogar el pensamiento con la bilis de la ingratitud. Es lo mismo que dice el poeta cuando tropieza con las "parciales palabras,/ de libros ponzoñados". Y se pregunta:

> ¿Dónde están los autores
> de tanto texto infame,
> de tanta innoble losa,
> sobre verdades ciertas?

Si en la Boca del Morro, en Puerto Rico, Juan Ruiz de Torres se sintió impresionado, los versos que nacieron a su conjuro no se detienen a describir las bellezas a la entrada del puerto de San Juan, sino que van más hondo, a otra geografía, la del hombre hispanoamericano unido por las mismas letras. Así, los ocho versos finales abarcan a España y América en el abrazo del idioma común. Es triste, infinitamente triste, que haya quienes desdeñan ese cerco comprensivo de amor:

> Dejad que nos empape
> -amerohispanos todos-
> el sabor de palabras
> que en todos hallan eco.
> Ellas son las simientes
> que en trescientos millones
> incesantes renuevan
> Amor y Libertad.

Finalmente, sería injusto conmigo mismo si no publicara aquí mi soneto dedicado a Colón, que fue incluido también en el *Cuaderno del Encuentro*. Mucho antes de acercarse el aniversario 500 del Descubrimiento de América, me había hecho un propósito: escribir un largo poema histórico dedicado a una fecha que significa tanto para los hispanohablantes. Sin embargo, en Poesía, una cosa

Colón cantado

piensa el constructor y otra ese Ser misterioso -aunque hasta los más escépticos sepan quién es- que ofrece los materiales compulsivos para fabricar los versos. Y mi plan de una posible oda quedó reducido a un soneto que titulé "12 de octubre de 1992". Se trata, ciertamente, de un esquema importado de Italia, pero los millones de sonetos que se han escrito en lengua española hacen que esa pieza maravillosa sea universalmente nuestra. He aquí, sin más dilación, el punto final de estas páginas: mi saludo en catorce versos al Descubrimiento, 500 años después:

>Gracias, Colón, por el Descubrimiento.
>Y gracias, porque gracias a tu viaje,
>América mantiene en su equipaje
>a Cristo, que es amor izado al viento.
>
>Gracias porque tu mar trajo el aroma
>de un Cid, que es nuestra espada en la pelea;
>gracias, porque mi plasma deletrea
>la frutecida carne de este idioma.
>
>Gracias por tu intuición terca y marina,
>por escoger a España de madrina
>y regalarle todas tus audacias.
>
>Por los quinientos años, alta historia,
>y por la hispanidad, licor de gloria,
>este ex indio, Colón, te da las gracias.

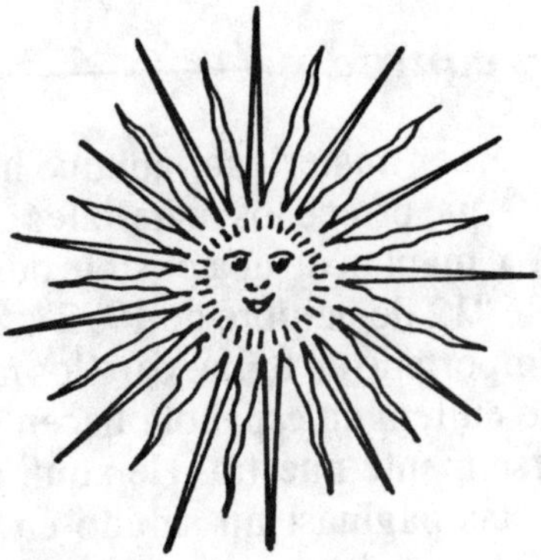

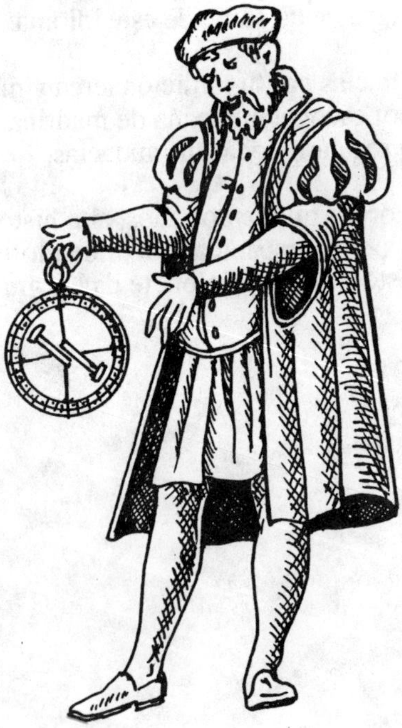

Bibliografía

Bibliografía básica

En relación con los versos y poemas citados en esta obra, resulta imposible del todo incluir en su Bibliografía la gran cantidad de antologías y libros individuales de poetas consultados.

• Alba Buffill, Elio, revista Círculo, Publicación del Círculo de Cultura Panamericano, Volumen XXII, 1993, I.S.S.N.: 0099-7349-001533
• Álzaga, Florinda, *La Avellaneda: intensidad y vanguardia*, Ediciones Universal, Miami, Florida, 1997, I.S.B.N.: 0-89729-818-7.
• Aparicio Laurencio, Ángel, Poesías completas de José María Heredia, Ediciones Universal, Miami, Florida, Estados Unidos, 1970.
• Armero, Gonzalo, Revista *Poesía*, Ministerio de Cultura de España, Número monográfico dedicado a Rubén Darío, Madrid, 1991, I.S.N.N.: 0210-5888.
• Avilés Ramírez, Eduardo, *España en los versos y en el corazón de Rubén Darío*, París, 1970.
• Baeza Flores, Alberto, *La poesía dominicana en el Siglo XX*, Colección Orfeo, Biblioteca Nacional de República Dominicana, dirigida por Cándido Gerón, 1986
• Balaguer, Joaquín, *Colón, precursor literario*, Santo Domingo, República Dominicana, Tercera edición, 1986.
• Balaguer, Joaquín, *Galería heroica*, Industrias Gráficas Manuel Pareja, Santo Domingo, 1984, I.S.B.N.: 84-499-7738-X.

- Costa, Octavio R., *El impacto creador de España sobre el Nuevo Mundo*, Ediciones Universal, Miami, Florida, 1992, I.S.B.N.: 0-89729-605-2.
- Escudero, Alfonso, *Antología poética, de José Santos Chocano*, Espasa Calpe, Colección Austral No. 751, Madrid, Cuarta edición, 1962.
- Gabarrós, Ramón, revista *Anthropos*, Huellas del Conocimiento, Barcelona, No. 170-171, enero-abril 1997, I.S.N.N.: 0211-5611.
- Gárate Córdoba, José María, *La Poesía del Descubrimiento*, Ediciones Cultura Hispánica, Madrid, 1977, I.S.B.N.: 84-7232-150-9.
- García Alonso, Agustín, *Premios Quinto Centenario*, Editorial El Paisaje, Bilbao, España, 1993, I.S.B.N.: 84-7697-623-2.
- García Nieto, José, *Nuevo elogio de la lengua española, Piedra y Cielo de Roma*, Espasa Calpe, S.A., Colección Austral, Madrid, 1984, I.S.B.N.: 968-16-0782-1.
- Lebrón Savñón, Mariano, *Historia de la cultura dominicana*, Colección Sesquicentenario de la Independencia Nacional, Santo Domingo, Tres tomos, 1994
- Medina, José Ramón; Beroes, Pedro y Paz Castillo, Fernando, *Poesía de Andrés Eloy Blanco*, Obra completa poética en tres tomos, Ediciones Centauro, Caracas, 1980.
- Navaro Tomás, Tomás, *Métrica española*, Las Americas Publishing Company, New York, Segunda edición de 1966.
- Palma, Ricardo, *Recuerdos de España*, Lima, Perú, Julio de 1895.
- Puebla, Manuel de la, revista *Mairena*, Poesía puertorriqueña sobre el Descubrimiento, Editorial de la Universidad de Puerto Rico, San Juan, Año XIV, Número 33, 1992.
- Rosa-Nieves, Cesáreo y Melón, Esther M., *Biografías puertorriqueñas: Perfil histórico de un pueblo*, Troutman Press, Sharon, Connecticut, 1970.
- Ruiz de Torres, Juan, *Cuaderno del Encuentro*, Asociación Prometeo de Poesía, Madrid, 1992, I.S.N.N.: 1130-8923.

Bibliografía

• Sainz de Robles, Federico Carlos, *Historia y Antología de la Poesía Española,* Aguilar S.A. de Ediciones, Madrid, Quinta Edición de 1967.
• Sánchez Bella, Alfredo, "España e Hispanoamérica ante el V Centenario", Diario Las Américas, Miami, Florida, 9 de mayo de 1989, Página 5-A.
• Torres, Edelberto, *Rubén Darío,* Biografías Gandesa, Ediciones Grijalbo, S.A., Cuarta edición corregida y ampliada, Barcelona-México D.F., 1966.

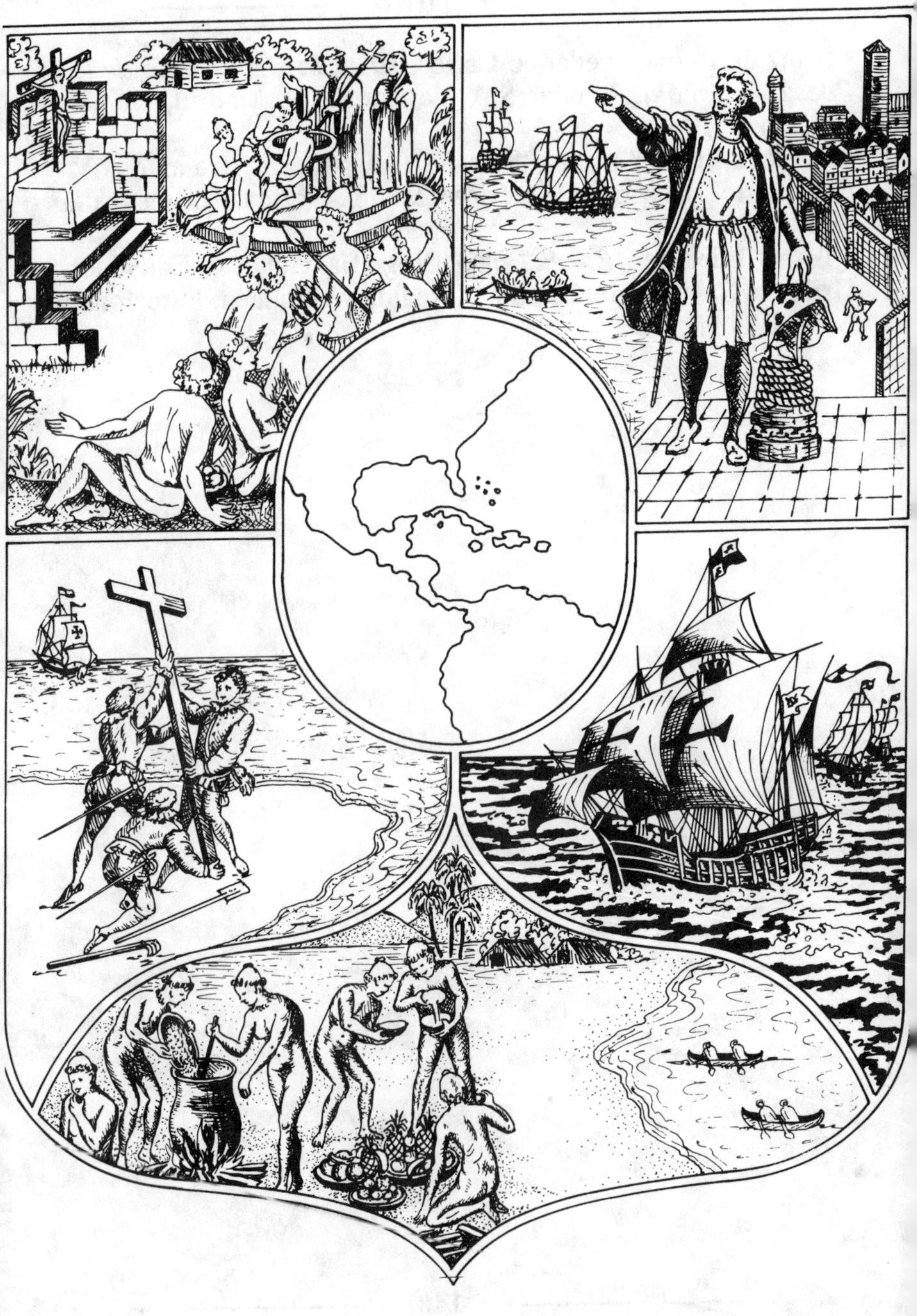

ÍNDICE ONOMÁSTICO

A

Acosta, Agustín, 93
Adúriz, Ricardo, 114
Agüero y A., Francisco, 30
Aguirre, Horacio, 81
Aguiar Siverio, Manuel
Aguilar, Alonso de, 41
Agustini, Delmira, 131
Alba Buffill, Elio, 147
Alegría, José S., 101
Alfonso X, 56
Alfonso XIII, 45, 56
Almagro, Diego de, 127, 128
Alvar López, Manuel, 18
Alvarado, Alonso, 14
Alvarado, Diego, 14
Alvarado, Pedro de, 14
Álzaga, Florinda, 34, 147
Amber, Ángeles, 114, 119
Aparicio Laurencio, Ángel, 29, 39, 147
Arana, Diego de, 105
Arbizú, J., 41
Aristóteles, 8
Arévalo Martínez, Rafael, 10
Argamonte y Cortijo, Francisco de, 14
Armero, Gonzalo, 147
Atahualpa, 16, 84
Avilés Ramírez, Eduardo, 83, 147

B

Badosa, Enrique, 114
Baeza Flores, Alberto, 73, 115, 132, 147
Balaguer, Joaquín, 105, 107, 108, 109, 111, 147
Balaguer, Víctor, 39
Balbi, Tomaso, 19
Balboa, Silvestre de, 64
Baralt, Rafael María, 23, 24
Barona, Pío, 67
Barra, Eduardo de la, 42, 43
Bécquer, Gustavo Adolfo, 34, 65, 103
Bedregal, Yolanda, 115, 116
Berceo, Gonzalo de, 56, 91
Bergerac, Cyrano de (Héctor Savinien), 82
Beroes, Pedro, 148
Betanzos Palacios, Odón, 27
Blanco, Andrés Eloy, 50, 51, 59, 60, 148
Blanco, Andrés R., 116
Bobadilla, Francisco de, 7, 97
Bolívar, Domingo, 126
Bolívar, Simón, 16, 44, 57, 103, 139
Borges, Jorge Luis, 76, 132
Boscan, Juan, 22
Brito, Juan de, 70
Buesa, José Ángel, 60, 65, 66
Buffon, Jorge Luis Lecrec, conde de, 108
Burgos Serrano, José, 99

C

Cáceres Prat, Acacio, 41
Calderón de la Barca, Pedro, 56, 59, 103
Camín, Alfonso, 74, 75, 76
Camoens, Luis de, 17
Campaña, Antonio, 117

Campoamor, Ramón de, 40
Canales, Jacque, 117
Caonabo, 139, 140, 141
Capdevila, Federico, 91
Carlos V (Carlos I de España), 16, 42, 43, 61
Casal, Julián del, 67
Casas, Bartolomé de las, 65, 83, 91, 95, 97
Casas, Luis Ángel, 89
Castellanos, Juan de, 18
Castellanos, Rosario, 131
Castillo, Pedro, 106
Caupolicán, 16
Cazade, Enrique, 90
Cela, Camilo José, 74
Cervantes Saavedra, Miguel de, 16, 32, 75, 76, 82, 105, 112
Chocano, José Santos, 45, 50, 67, 69, 131, 147
Colón, Bartolomé, 22
Colón, Cristóbal, 7-44, 46, 50-51, 59-62, 64, 68, 71, 73-78, 81-85, 90-97, 99-114, 116-117, 120, 124, 130, 133-134, 139, 142, 144-147
Cook, James, 23
Corrales, Gregorio, 18
Cortés, Hernán, 14, 16, 21, 37, 64, 76, 131
Costa, Octavio R., 113, 148
Cruz, Sor Juana Inés de la (Juana Inés Ramírez de Asbaje), 21, 132

D

Darío, Rubén, 32, 40, 42, 59, 67, 72, 75, 81, 82, 83, 84, 85, 88, 103, 120, 126, 138, 147
Dati, Giuliano, 19
Dei, H. Daniel, 119

Díaz de Vivar, Rodrigo (El Cid Campeador), 26, 76
Díaz de Vivar, Rodrigo (El Cid), 16
Díaz, Juan, 77
Díaz-Landa, Pedro, 96, 97, 98
Diego Padró, José I., 13
Diego, Gerardo, 51
Duarte, Juan Pablo, 60, 139

E

Elías (profeta), 54
Elíaz, Déborah, 98
Enamorado Cuesta, José, 37
Enriquillo (Cacique), 63
Escudero, Alfonso, 148
Espada Rodríguez, José, 100
Espina Pérez, Darío, 90

F

Feijoó, Samuel, 25
Felices, Jorge, 12
Felipe II, 21
Fernández Alonso, Ovidio Augusto, 124
Fernández de Navarrete, Martín, 108
Fernández Moreno, Baldomero, 89
Fernández Shaw, Carlos, 67, 68, 69
Fernández-Dalmás, Rafael, 91
Fernando el Católico, 20
Fiallo, Fabio, 65
Foxá, Agustín de, 73
Fornaris, José, 44
Francisco Javier, San, 70, 114
Furlan, Luis Ricardo, 123

Índice onomástico

G

Gabarrós, Ramón, 148
Gahete, Manuel, 125
Galve, Condesa de (María Elvira de Toledo), 21
Gama, Vasco de, 93
Gambara, Lorenzo, 19
Gárate Córdoba, José María, 17, 18, 19, 28, 29, 30, 39, 148
García Alonso, Agustín, 94, 148
García Escobar, Ventura, 26
García Herrera, José Luis, 119
García Lorca, Federico, 21, 32
García Nieto, José, 73, 148
García Velloso, Juan José, 41
Garcilaso, El Inca, 131
Garcimarín, Guillermo, 119
Gautier Benítez, José, 34
Gerón, Cándido, 147
Giorgini, Giovanni da Jesi, 19
Goethe, Johan Wolfgang von, 105
Gómez Costa, Arturo, 101
Gómez de Avellaneda, Gertrudis, 33, 34
Góngora y Argote, Luis de, 82
Gonzaga, Curzio, 19
González Martínez, Enrique, 11, 132
González, Miguel, 25
Goya, Francisco de, 56, 76, 82
Gracia, Enrique, 124
Gutiérrez Nájera, Manuel, 67, 132
Gutiérrez, Rafael Fabián, 124

H

Hatuey (El indio), 8, 95, 98
Henríquez Ureña, Pedro, 65
Henríquez, Francisco, 94, 95, 96, 98
Hércules, 86
Heredia, José María, 27, 29, 30, 32
Hernández Rueda, Lupo, 120
Herrera, Francisco de, 21
Hidalgo y Costilla, Miguel, (El Cura Hidalgo), 44, 139
Hostos, Eugenio María de, 36, 112
Huerta Palacios, Encarnación, 120
Hugo, Víctor, 83, 108
Huidobro, Vicente, 70, 71, 132

I

Ibáñez, Sara, 131
Ibarbourou, Juana de, 131
Icaza, Francisco A. de, 132
Irving, Washington, 40
Isabel la Católica, Reina de España, 16, 57, 82, 96, 97, 109, 110

J

Jasón (Héroe mitológico), 93
Jesi Giorgini, Giovanni da, 19
Jesús, Santa Teresa de, 32, 56
Jiménez Alum, Alfredo, 106
Jiménez de Quesada, Gonzalo, 131
Jiménez, Amaro, 91
Jiménez, Juan Ramón, 81, 84, 85
Jiménez, Luis Carlos, 120
Jodorowsky, Raquel, 120
Juan de Portugal, 25
Juárez, Benito, 44
Justel, Antonio, 128

L

Lamarque de Novoa, José, 41
Lasaga, José Ignacio, 67
Lasso de la Vega, Ángel, 17, 26
Lebrón Saviñón, Mariano, 89, 148
Leguía, Augusto B., 50
Lentini, Javier, 121
León XIII, Papa, 31
León, Fray Luis de, 76
León, Juan Pablo de, 64
Lloréns Torres, Luis, 104, 105, 106, 107
Lope de Vega (Félix Lope de Vega Carpio), 21, 22
López Álvarez, Luis, 130
López de Anglada, Luis, 69
López Rueda, José, 128, 129
Loyola, San Ignacio de, 56, 61, 70, 104
Lugones, Leopoldo, 131
Lugoviña, Ruy de, 106
Luis, Leopoldo de, 131, 132, 133

M

Machado, Antonio, 21, 32, 67
Machado, Manuel, 13, 21, 67
Macías Macías, Alfredo, 121
Macías, Sergio, 121
Maeztu, Ramiro de, 67
Magallanes, Fernando de, 37
María Cristina (reina regente española), 34
Mario, Luis, 29
Márquez viuda de Rubio, Nieves del Rosario, 92
Martí, José, 60, 67, 92, 131, 139
Martínez Ruiz, José (Azorín), 67, 85
Martínez Sierra, Gregorio, 85
Martínez, Valentín, 72
Medina, José Ramón, 148
Medina, Roberto, 106
Melón, Esther M., 148
Menéndez Peláez, Antonio, 105, 106
Menéndez y Pelayo, Marcelino, 18, 31, 41, 65
Mesa Seco, Manuel Francisco, 121
Miñambres, Miguel H., 133
Miranda Archilla, Graciary, 101, 102
Miranda, Francisco, 139
Miranda, Luis Antonio, 100
Mistral, Gabriela, 112, 131, 132
Mitre, Bartolomé, 126
Moctezuma, 16, 57, 84
Moisés (profeta), 54
Medina, José Ramón, 148
Molina, Tirso de, 63, 76, 105
Montejo Miranda, José Miguel, 42
Montesino, Fray Ambrosio, 20, 63
Morelos y Pavón, José María, 44
Moreno, Alejandro, 133
Morrison, Mateo, 112
Muñoz del Monte, Francisco, 111
Murciano, Carlos, 122

N

Nápoles Fajardo, Juan Cristóbal (El Cucalambé), 30, 31
Naranjo, Manuel, 106
Navarro Tomás, Tomás, 98, 148
Nebrija, Elio Antonio, 109
Negrón Flores, R., 36
Neruda, Pablo, 112, 126, 128, 132

Índice onomástico

Nervo, Amado, 32, 132
Nobre, Marlos, 130
Nouel, Rigoberto, 111
Novalgos Laso, Esther, 133
Núñez Cabeza de Vaca, Alvar, 122, 123
Núñez de Balboa, Vasco, 64
Núñez, Ana Rosa, 135

O

Orbe, Gabriel del, 65
Oscar, Rey de Suecia, 82
Otelho de Oliceira, Manuel, 19
Ovando, Nicolás de, 63, 97, 110
Oyuela, Calixto, 18, 19

P

Pacheco, José Bernardo, (Nando) 94
Padilla de Sanz, Trina, 10
Padilla, Martha, 135, 136
Palés Matos, Luis, 78, 132
Palma, Ricardo, 45, 148
Pardo García, Germán, 132
Pareja, Manuel, 147
Parra, Nicanor, 132
Paz Castillo, Fernando, 59, 148
Paz, Octavio, 132
Pedemonte, Hugo Emilio, 122
Pelayo, (Don), 56
Pellicer, Carlos, 132
Pemán, José María, 70, 71
Peña, Pedro J. de la, 134
Pérez, José Joaquín, 112
Pérez de Ayala, Ramón, 85
Pérez Moro, Oscar, 91, 92
Pérez Valiente, Salvador, 134
Peza, Juan de Dios, 44, 132
Pino y Roca, Rafael, 14, 15
Piquer, José, 34

Pizarro, Francisco, 16, 21, 37, 57, 64
Ponce de León, Juan, 37, 101, 102, 104, 105
Ponce Font, Bernardo, 42
Porto Vélez, Adda, 9, 10
Prado, Pura del, 11
Puebla, Manuel de la, 148
Punzi, Orlando Mario, 136, 137

Q

Querol, Vicente Wenceslao, 38, 39
Quevedo y Villegas, Francisco de, 21, 22, 32, 76, 84
Quintana, Manuel José, 23

R

Raimundo, Daniel Efraín, 29
Ramírez Brau, Bernardo, 99
Rega Molina, Horacio, 12
Rexach, Rosario, 17
Rey del Corral, José Antonio, 138
Reyes, Ángela, 122
Ribera Chevremont, Evaristo, 103
Risech Amat, Feliciano, 106
Riveros Tejada, Guillermo, 78, 79, 80
Roa Uriarte, Fernando Arsenio, 7
Robledo Ortiz, Jorge, 9
Rodó, José Enrique, 112
Rodríguez de Tió, Lola, 35
Rojas, Jorge, 76, 77
Roldán de Ávila, Juan, 110
Romero, Elvio, 132
Roosevelt, Theodore, 82
Rosell, Rosendo, 92

Rousseau, Juan Jacobo, 108
Rosa-Nieves, Cesáreo, 148
Roza Diez, Ricardo de la, 138
Ruiz de Torres, Juan, 113, 135, 143, 144, 148

S

Saint-Pierre, Virginia de, 108
Sainz de Robles, Federico Carlos, 18, 40, 149
Salaverry, Carlos Augusto, 11
Sama, Manuel M., 37
San Martín, José de, 57, 103, 139
Sánchez, Francisca, 32
Sánchez Bella, Alfredo, 27, 149
Santa Isabel de Hungría, 69
Santillana, Marqués de (Íñigo López de Mendoza), 22, 57
Santos Tirado, Adrián, 140
Sarasate, Pablo de, 65
Schubert, Franz, 138
Sena Medina, Guillermo, 139
Serna, Lola de la, 142
Silva Velázquez, Diego de, 82
Silva, José Asunción, 67, 106, 131
Sobrario Segundo, Juan, 20
Sologuren, Javier, 131
Sosa de Quesada, Arístides, 90
Stella, Julio Cesare, 19
Storni, Alfonsina, 32, 131
Sucre, Antonio José de, 44
Suncar Chevalier, Manuel E., 111

T

Tacón y Rosique, Miguel, 91
Tápanes Estrella, Raúl, 92
Tena Corredera, Juan, 141, 142
Tierno Galván, Enrique, 113
Toledo, María de, 76
Torres, Edelberto, 149
Torres Bodet, Jaime, 132
Triana, Rodrigo (Sánchez) de, 12, 13, 15, 36, 38, 54, 97, 100, 114, 142
Túpac Amaru, 120

U

Unamuno, Miguel de, 67, 139

V

Valera, Juan, 40
Valle Inclán, Ramón del, 67
Vallejo, César, 120, 131
Vargas Vila, José María, 85
Vasconcelos, José, 8
Vega, Garcilaso de la, 22, 24, 84, 120
Velázquez, Diego, 98
Verdaguer, Jacinto, 31, 32
Verdugo, Domingo, 34
Villa, Pancho, 74
Villaespesa, Francisco, 101
Villamediana, Juan de Tassis peralta, conde de, 56
Villanueva, Tino, 122, 123
Villaurrutia, Xavier, 132
Virgilio, 86

W

Weyler, Valeriano, 91

X-Y

Ximena, 58
Yara (La india), 98

Índice general

Dos palabras 7

CAPÍTULO I
Colón circunstancial, Colón elíptico 9
"Soneto frente al mar" 9
Colón Circunstancial 10
Colón elíptico 12
Rafael Pino y Roca y su "Canto a la Raza" 14

CAPÍTULO II
Gran almirante, gran olvidado 17
"Colón no tuvo un Camoens..." 17
Ecos del Descubrimiento en la poesía italiana 19
Halagando los reales oídos 20
Colón en la obra de Lope de Vega y de Quevedo 21
Un español y un venezolano: Quintana y Baralt 23
Un poeta cubano del Siglo XVIII 25
Primer romancero con una demora de cuatro siglos ... 26

CAPÍTULO III
Ecos románticos frente al Descubrimiento 27
Un original poema de José María Heredia 27
El Cucalambé y su versión romántica 30
Éxito de *La Atlántida*, de Jacinto Verdaguer 31
Gertrudis Gómez de Avellaneda y su *Himno a Colón* ... 32
Puerto Rico romántico en el Descubrimiento 34
Poema trunco de Querol 38
Monólogo de Colón en la voz de Víctor Balaguer 39
Una oda de Juan Valera y otra de Campoamor 39

Tres poetas tomados al azar 41
Colón y Carlos V: "Las dos grandezas" 42
José Fornaris y el siboneyismo 44
Juan de Dios Peza: "Colón e Isabel" 44

CAPÍTULO IV   45
Tres poemas sobresalientes 45
José Santos Chocano y su ofrenda perenne a España 50
El "Canto a España" de Andrés Eloy Blanco 60
José Ángel Buesa les canta a España y a Quisqueya ....

CAPÍTULO V   67
Modernistas y otras tendencias del Siglo XX 67
De Carlos Fernández Shaw a José Santos Chocano 70
Pemán y Huidobro: Las tres carabelas y un soneto 72
Un sacerdote le canta a la Hispanidad 73
En los caminos de Alberto Baeza Flores 73
García Nieto y su ingreso académico 74
Reiteración de Colón en Alfonso Camín ....
Jorge Luis Borges y Jorge Rojas: un mismo   76
tema en dos enfoques 78
De Luis Palés Matos a Guillermo Riveros Tejada ....

CAPÍTULO VI   81
España y Colón en la obra de Rubén Darío 81
Su palabra favorita: *Archipiélago* 85
Voz de Hispanoamérica en el Ateneo de Madrid ....

CAPÍTULO VII   89
Tierra caribeña descubridora del Descubridor 89
Varios poetas cubanos actuales 93
Agustín Acosta: Colón en la mitología y la historia 94
Premios de las *Ediciones El Paisaje* 98
Breve digresión fuera del Caribe 99
Milagro puertorriqueño ante el Descubrimiento 104
Luis Lloréns Torres y los infortunados aviadores cubanos ... 107
Joaquín Balaguer, República Dominicana y Cristóbal Colón ... 107

Índice general

CAPÍTULO VIII
Cuaderno del Encuentro (1492-1992) 113
Honran a Colón 49 autores 113
Habla el indio, habla el español 115
Ancestro, amor, idioma y fe 117
Una antología rica en variedades 119
Idioma, raza, estirpe 123
Dos sonetos reveladores... 124
Poesía didascálica y Neruda: poeta de contrastes 126
Auténtica alma española y Cantata del indio y la espada 128
"Querida y vieja lengua", de Leopoldo de Luis 131
Puede un verso salvar todo un poema 134
Dos voces femeninas cubanas 134
Cuando canta el amor 136
Segunda "Salutación" y Quijotes de América 138
Hermandad española. Rebeldía de Caonabo 139
Versos blancos, mar oscuro 141
Juan Ruiz de Torres y el "hombre amerohispano" 143

Bibliografía 147

Índice onomástico 151

Índice general 157